[illegible]日巴传奇

唐卡艺术大师希热布传

迦叶 著

甘肃文化出版社

图书在版编目（CIP）数据

拉日巴传奇：唐卡艺术大师希热布传 / 迦叶著. -- 兰州：甘肃文化出版社，2017. 11
ISBN 978-7-5490-1482-8

Ⅰ. ①拉… Ⅱ. ①迦… Ⅲ. ①希热布—传记 Ⅳ. ①K825.72

中国版本图书馆 CIP 数据核字(2017)第 267069 号

拉日巴传奇——唐卡艺术大师希热布传

迦叶 | 著

责任编辑 | 郧军涛　房金蓉
封面设计 | 兰州国彩

出版发行 | 甘肃文化出版社
网　　址 | http://www.gswenhua.cn
投稿邮箱 | press@gswenhua.cn
地　　址 | 甘肃省兰州市城关区曹家巷1号 | 730030（邮编）

营销中心 | 王　俊　贾　莉
电　　话 | 0931-8454870　8430531（传真）

印　　刷 | 甘肃三合印刷机械有限责任公司
开　　本 | 787 毫米 × 1092 毫米　1/16
字　　数 | 200 千
印　　张 | 11
版　　次 | 2017 年 11 月第 1 版
印　　次 | 2017 年 11 月第 1 次
书　　号 | ISBN 978-7-5490-1482-8
定　　价 | 98.00 元

一滴甘露水，滋润万物生

连　辑

中国艺术研究院院长 / 中国非物质文化遗产保护中心主任

2014年早春，我到访拉卜楞摩尼宝唐卡艺术中心。当时，作为甘肃省委宣传部长，我肩负着挖掘、保护和开发当地文化资源，推进民族文化发展繁荣的使命。甘肃是文化资源大省，众多古老民族曾在此繁衍生息，留下了丰富的文化印迹，唐卡艺术便是其中之一，推动唐卡艺术的传承发展亦是我不容推卸的职责。

唐卡是一种富有藏族文化特色的绘画艺术形式，具有浓郁的佛教色彩，艺术风格独特，题材包罗万象，内容涉及藏族的历史、文化和社会生活等诸多领域，被誉为藏族的“百科全书”，是藏族人民的艺术珍宝。随着时代发展，关注唐卡艺术的人日益增多。2006年，唐卡正式被联合国教科文组织列为世界非物质文化保护遗产。在国家的高度重视和大力保护之下，唐卡艺术迎来了前所未有的发展机遇。

然而，在全球化背景下，国内外藏族文化市场需求虽然不断升温，但唐卡艺术的传承发展仍面临诸多困难和挑战，其中包括唐卡艺术人才短缺、某些传统技艺失传、艺术精品匮乏等等。同时，在经济利益诱惑下，唐卡市场出现了粗制滥造、文化价值减弱等现象。承载千余年历史文明的唐卡艺术应当如何抓住机遇，应对挑战？我们如何不失其精髓地传承这份人类遗产？如何在葆有唐卡的史料价值、宗教价值、艺术价值和经济价值的同时弘扬其精神价值，把握和传承其艺术真谛？

坐落于甘南藏族自治州夏河县的拉卜楞寺是重要的藏传佛教文化中心之一，位列藏传佛教格鲁派六大名寺，保存有丰富的宗教艺术文化遗产。17世纪至19世纪的二百余年间，格鲁派寺院的大规模兴建和扩建为唐卡和壁画艺术带来了广阔的发展空间。从拉卜楞寺创建时起，唐卡艺术一直在完整而严密的佛教文化研习体系下由僧人在寺院内部传承，该传统在“文革”时期的“破四旧”运动中遭到破坏，僧人画师多被遣散还俗，放牧务农，唐卡艺术面临危机。改革开放之后，尤其是21世纪以来，传统唐卡艺术在拉卜楞寺及其周围地区逐渐得到复兴。2005年，拉卜楞摩尼宝唐卡艺术中心应运而生。

十余年来，拉卜楞摩尼宝唐卡艺术中心的画师们默默无闻地耕耘着。他们严守宗教仪轨，按照造像度量经的标准日复一日地进行创作。在画唐卡之前，每位画师都要沐浴更衣、念诵经文，然后在观想佛像的过程中持咒而画，所绘图像的各种细节无不是对佛教经典的视觉阐释。在此，画师们的学养和品行与精湛的技艺同样重要。他们绘制唐卡的过程，也是一点一滴净化心灵的过程。他们聆听高僧大德或知名学者传授佛法和历史文化知识，陶冶性灵，修炼技艺，深入体会唐卡艺术的文化精髓，怀着感恩之心进行创作。他们为了自己热爱的唐卡艺术无怨无悔地付出，努力将这份艺术瑰宝传承下去。

为了推进甘南地区唐卡艺术的传承发展，我曾邀请拉卜楞摩尼宝唐卡艺术中心的创办者——国家级非物质文化遗产传承人、唐卡艺术大师果洛·希热布及相关管理人员一起到夏河县委，共谋未来发展之路，希望该唐卡艺术中心能够在政府的支持下发挥榜样作用，为唐卡事业贡献更大力量，推动文化艺术工作不断向前发展。经过努力，2014年，拉卜楞摩尼宝唐卡艺术中心被我国文化部纳入国家级非物质文化遗产生产性保护示范基地。2016年8月，希热布大师受到甘肃省文化厅特别邀请，在中国首届丝绸之路文化艺术节上做个人唐卡专题展览……

《唐卡艺术大师希热布画传》一书记述了希热布大师在追求信仰与唐卡艺术过程中的坎坷经历，及其所创拉卜楞摩尼宝唐卡艺术中心的发展历程。该书笔触优美细腻，情感饱满真切，同时配以唐卡艺术家的手绘插图和大量珍贵的唐卡图片，以图文并茂的形式引领读者走进唐卡艺术家的内心世界和现实生活，帮助他们了解唐卡以及藏族文化艺术的发展状况，进而把握其中蕴含的精神旨归与艺术真谛。

希热布大师是一位僧人，更是一位艺术家。他有着虔诚的宗教信仰和不计回报的艺术追求，其一生梦想便是弘扬藏族文化、让全世界都能了解藏文化的精髓。为了实现这一梦想，他在唐卡事业上付出了毕生的心血与智慧。可以说，他也在为实现中华民族伟大复兴的中国梦贡献着一己之力。实现中华民族伟大复兴的中国梦,不仅需要大批专家学者的共同努力，也需要万千能工巧匠的无私奉献，以及他们秉持的不图名利、精益求精的“工匠精神”。“工匠精神”是唐卡艺术文化精髓的重要组成部分，体现为唐卡画师的艺术追求与虔诚信仰，将这种精神传承下去、发扬光大，是唐卡艺术传承发展的需要，也是希热布大师及拉卜楞摩尼宝唐卡艺术中心义不容辞的使命。

希望这本书能够成为更多人了解唐卡艺术的窗口，使更多的有识之士参与到传承发展唐卡艺术的事业中来；祝愿唐卡艺术家们的不懈努力能够如希热布大师所绘的《滴水观音》：凭借一滴甘露水，滋润万物生长！

2017年8月21日

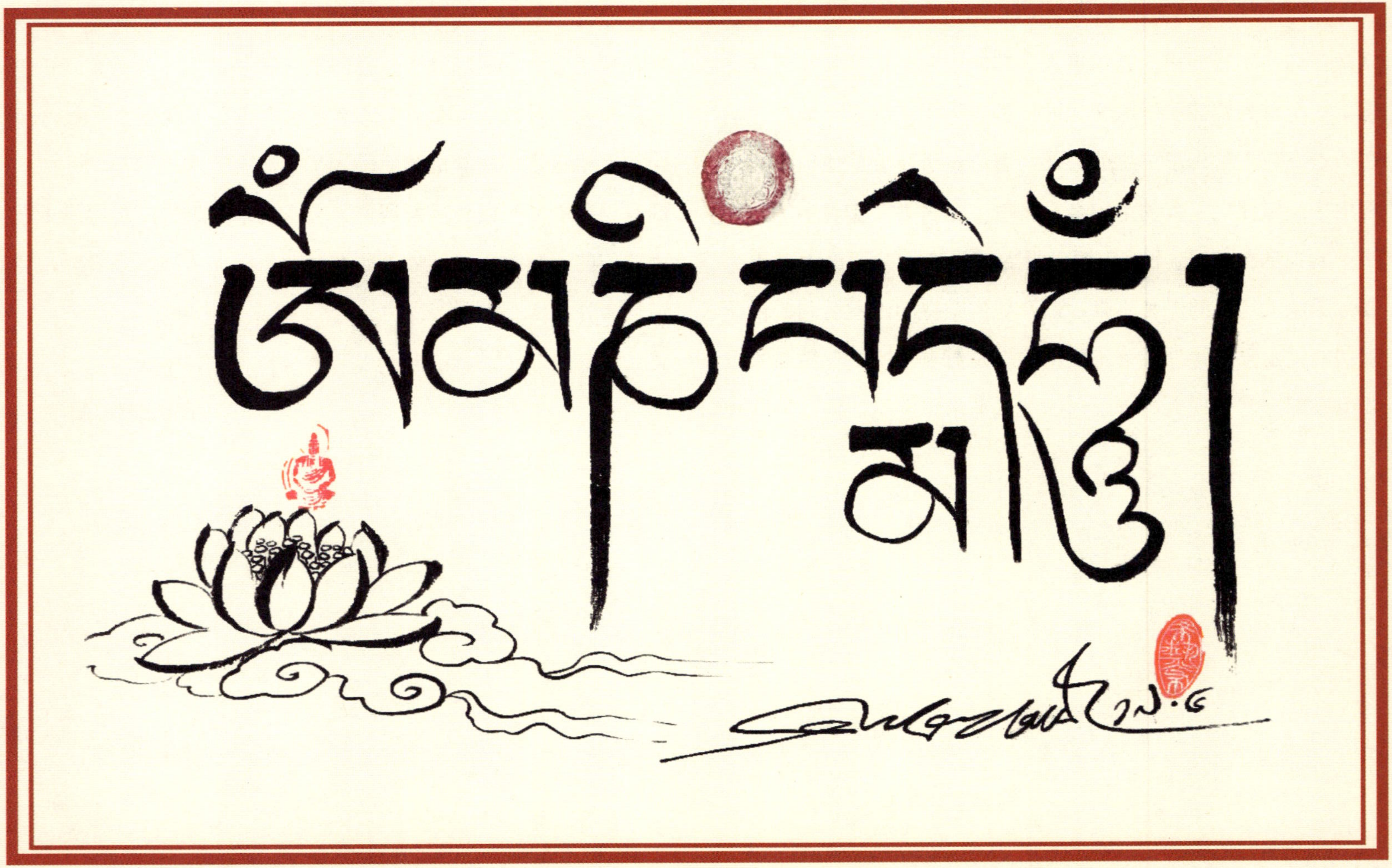

希热布书法作品

目录
CONTENTS

希热布唐卡作品：《红唐——东密四臂观音》

卷一 JUAN YI

雪莲花，盛开的爱情

在那东山顶上，有一位美丽的姑娘，她那美丽的面容，好似月亮一样……

青海雪域的高原上，天界一般耸入云端的喜马拉雅山脉周围，千年流传着佛陀释迦牟尼的智慧。年宝玉则雪山，神话的源头。错落有致的山峦怀抱之中，360多个湖泊，犹如盛开的莲花，清亮明丽，色彩变化多端。在佛教传说中，这里是度母与空行母汇集的神圣领地。在这青山如黛而又绵延起伏的雪域之中，神秘的生命轮回，曾经在一代又一代人的传说里，得到过奇迹般的验证。雄伟起伏的山峦，潋滟澄净的湖泊，广博绵延的绿地，是大自然的匠心之作。草原上的牛羊成群，如同天边美丽的祥云。在这流传千古神话的土壤里，神圣的信仰造就了一个又一个不平凡的生命。

雄鹰在高空遨游，山谷的湖泊旁边，一群黑色的牦牛安静地在草原上享用美食。在高山半山腰的一块巨石边上，一个羸弱清秀的孩童，穿着宽大破旧的藏袍，正伏在半山腰上的岩石上努力地刻写着什么。他额头上略微卷曲的头发被山风吹起，纤长卷曲的睫毛下，一双眼睛如黑宝石般清澈明亮。他正在目不转睛地在岩石上用一块尖尖的石头涂鸦。因为石头的尖尖被摩擦得短小，他的一个手指已经迸出鲜血，可他似乎不觉得疼，小小的脸上反而露出欣喜，两只手并用，将指头上的血渍沾着唾液在岩石上精心描摹。一朵正在盛开的雪莲花淡淡地绽开在岩石上……远处走过来的父亲无声地站在他身后，皱着眉头，无比心疼地看着儿子。

在这片美丽无比的雪域高原上，冬季，几乎是令人难以忍受的寒冷。偌大的山谷平原上，一个表情阴郁的藏族中年男子，身上披着翻卷的羊皮袄，牵着马沉闷地走着。身后是几匹瘦马和缓缓跟随的牦牛群。牛儿们的脊背上分别驮着黑帐篷，挤奶的木桶，两只木桶被一条绳子系着挂在牛背上，桶里各装着一个正在睡觉的小儿子。马背上是妻子和较大一点的孩子。牦牛们驮着全

部家当晃晃悠悠地在高原挪着步子……

1959年的中国人的生活状态，是无比艰难的。无论在平原还是海边，无论高原还是内地，所有的人们都在为填不饱肚子而发愁。而眼下，这个生活在雪域之乡的游牧家庭全部的财富，除了为数不多的牦牛群和仅有的几匹瘦马之外，就是孩子们了。藏族汉子玉烙与美丽健壮的妻子希宝在四川阿坝的草原上一见钟情，在一起生活是顺其自然的结果。伴随着幸福甜蜜的生活，爱情的结晶——六个长相漂亮的男孩子相继来到他们中间。最大的已经可以独立骑马，不会摔下来。而较小的两个坐在牦牛背上，坐骑缰绳攥在父亲的手里。第四个和第五个更小一点的男孩子被装在木桶里，安放在牦牛强健的脊背的两边，一边一个。坐在马背上的妻子希宝厚实的羊皮藏袍里，温暖着第六个小男孩。她隆起的肚子里又孕育了新的生命。冰寒世界里的阳光照耀在这个缓慢移动的家庭。大人和孩子们暂时能够感受到些许的暖阳。可是，这温暖实在是短暂。看起来，他们向着年宝玉则的北方方向迁移的速度，无论如何也是没有办法快起来的。……

夫妻俩按照藏族人不成文的规矩，每一个孩子出生，都要请寺院里头的活佛看一下，给起个名字。第一个男孩子盖勒生下来，到现在好像还不太会说话。第二个男孩子希热布太过瘦弱单薄的小身子支撑着圆圆的头颅，深陷的眼窝被长长的睫毛覆盖，大大的眼睛看起来总是有点忧郁的样子。第三个男孩桑丹诞生下来的时候，家里请来的活佛看到他的舌头上有一个“阿”字，于是对妈妈交代，千万不要给这个小孩子吃肉，让他好好念经。年宝玉则的雪山堆积了新雪，大山里的藏族人过年了。自己家的牛宰杀了以后，年轻的妈妈心疼儿子，就对大家说，自己家的牛，干净，吃一点点没有关系。桑丹的嘴巴里，品尝到肉的滋味以后，“阿字”渐渐地消失不见了。但是，这个大眼睛的男孩儿说话很早，并且从小很会念经。就在这一次旅途即将开始的时候，夫妻两个正在收拾东西，他忽闪着长长的睫毛在妈妈怀里说：“我们去哪里啊？不要去了，反正还是要回来的。”虽然这个小孩子被活佛预言具有前世的智慧，可小孩子的话怎能影响成年人的决定。夫妻两个互相交流了一下眼神，默默地继续前行。按照政府的要求，他们需要搬迁到另外的一个牧区，据说那里有更好的牧场。可是，有趣的是，两年以后，由于那边的牧场同样的不理想，政府又改变了决定，他们又赶着牦牛队伍慢慢移动，回到了年宝玉则美丽的家。从这件事情开始，父母亲对于桑丹开始另眼相看了。

男孩子们在草原上恣意成长，如同春雨润泽的幼苗。生活的物资，仅仅靠着几十头牛和几匹瘦马，是远远不够的。重要的问题是，马背上疲惫不堪的妻子的肚子里，又孕育了新生命……被生活折磨得疲惫不堪的玉烙近乎沉默，胡须乱糟糟地沿着他好看的四方脸庞的轮廓生长着，嘴巴里嚼着枯草，嘴唇干燥得失去光泽。在他沾了满积雪和尘土的马靴下，是刚刚飘落的枯叶。

这位地地道道的藏族汉子，一往情深地爱着美丽的妻子希宝。佛菩萨保佑，给了她强劲的生育能力。只是随着孩子们的逐个来临，妻子的脸上渐渐失去往昔动人的神采。玉烙也感到前所未有的力不从心。单单是每天需要喂饱这几张小嘴的现实问题，就足以令玉烙内心备受煎熬。

孩子们的童真世界里，只有美好，没有苦难。父亲的黑帐篷和宽大的羊皮袄，是孩子们最最温暖的家。白天，男孩子们喜欢在放羊的时候，在草原湖泊上尽情玩耍，到山巅寻找雪莲花，到湖泊里游泳摸石头。大自然一切的一切都是上天准备给孩子们最美好的礼物。他们在盛夏季节寻找盛开的格桑花，把嫩黄嫩黄的蕨麻花连根拔起来，摘鲜嫩的蕨麻做零嘴。他们在湖边嬉戏，脱掉藏袍，光着身子，排列成队，在湖水旁边的沙子地上，让明晃晃的太阳晒着屁股。夜晚，他们偷偷溜出帐篷，一边躺在羊群里取暖，一边看夜晚的星空。幸福快乐的日子，就在年宝玉则闪闪烁烁的星空下，童话一般过去。

以至于多年以后，当希热布回忆起那些个拥有闪亮天穹的夜晚，似乎自己仍然安静地躺在大地的怀抱，看夜空硕大耀眼的繁星闪烁……

希热布唐卡作品：《大鹏金翅鸟》

希热布唐卡作品：《吉祥白象》

希热布唐卡作品：《红唐——药师如来独尊》

卷二 JUAN ER

在众生中谁与谁有缘，都由前世的命运决定，正如大鹰要背负哈拉，水獭要供猫头鹰一样。

20世纪50年代，土生土长的藏族小伙儿玉烙在青海果洛萨加派寺院龙格寺院出家，凭借着过人的灵性，成为当地龙格寺里小有名气的僧侣。他精通医学，工巧明学和佛学知识，是一位精进修行的僧侣。后来玉烙还俗。妻子希宝，是在阿坝地区相识的果洛老乡。希宝五官端正而美丽，身材高大又健壮，做生意非常能干。如同蜜蜂找到了悦意的香水，希宝的心被玉烙征服，她没有任何犹豫，心甘情愿地跟随玉烙一起返回家乡，在青海果洛的年宝玉则雪山脚下，开始了他们相亲相爱的放牧生活。

日出去泉水边提水，一起到草原上放牧，夜晚在帐篷里围着温暖的火炉取暖说话。两个人的日子过得诗情画意。随着爱情的甜蜜成熟，孩子们一个又一个接连到来。做父亲的玉烙开始为了改善家里的生活条件而拼命学习生活技能。他买到了一本老旧的“四部医典”，翻看了些日子，照着书本抓药，给人看病。居然有许多人慕名前来找他看病。无意当中，玉烙买到了一辆缝纫机，于是还买来布匹，脚踏着缝纫机，做起藏袍卖给别人。他的藏袍做工细致漂亮，许多人家都在婚嫁节日之前都喜欢去找他。忙里偷闲的时候，童心未泯的他用废旧的纸箱子折折叠叠，粘粘补补，又给它们刷成上色彩，做成老虎的头罩、狼的头罩，拿出去给大家玩。在那个连玩具都没有的贫瘠年代，玉烙的手工玩具备受部落里头的人喜欢。每逢节日，大家拿出去一起玩。

酷爱绘画的第二个儿子希热布与众不同；由于营养不良，与藏区大多数的孩子一样，十几岁的他看起来仍然是5岁以下小孩子的模样。一个瘦弱的小身子顶着一颗硕大的圆脑袋。而瘦弱的身体，似乎风大些都能被随时吹走。圆圆的脑袋两旁两个大大的耳朵格外醒目。他害羞而听话，时常一个人沉默地观察世界。两只

被长长的睫毛遮挡住半个眼睛乌溜溜地观察这个世界，仿佛呈现眼前的一切对于他而言，都是值得欣赏揣摩的内容。经常在他一个人在去放牧的时候，就会一个人跑到墓地那里发呆，草原上的墓园，那里堆砌着数不清的雕刻玛尼石和佛像。他自己寻找长条的尖石头，把它们磨了又磨，然后再在石头上临摹那些佛像和经文写字儿画画儿。父亲玉烙看到这情形，心灵不由得被他的虔诚打动，似乎在他身上看到了曾经年少的自己。于是，开始用心教授希热布简单的绘画，云彩，小鸟，骏马和牦牛……

希热布唐卡作品：《彩唐——金刚瑜伽母》

卷　三 JUAN SAN

风云之恋，不仅仅是幻化雨露；缺少了阳光的抚慰，很快孕育了冰寒……

山一样的父亲一直是孩子们成长的榜样，然而，这如山的父爱却犹如高原上的氧气一样珍贵而又稀少。妻子陆续生下6个男孩子，5个女孩子，然而女孩子都没能存活下来。她们出生以后，最多长到两岁左右就夭折。并且更加令人感到悲哀的是，大儿子盖乐，居然存在先天智障；第三个儿子桑丹，先天性心脏心瓣无法闭合，第六个儿子嘎嘎先天不会说话。值得庆幸的是另外三个智力正常，尤其第4个男孩拉者聪明外向，讨人喜爱。聪慧睿智的玉烙不愿接受这样残酷的事实，他不明白自己的孩子们智力怎么会有缺陷？他冥思苦想，内心感受到越来越强烈的痛苦，面对贫穷生活的巨大压力，他感受到内心升起了前所未有的悲哀和绝望。他有意无意地走到寺院的边上，希望能够再次看到佛菩萨的微笑。可是，寺院已经是残垣断壁，曾经的佛菩萨像早已不见踪影。他往日的师兄弟有的已经远走他乡，不知下落。而自己只能选择这样的生活，贫穷与苦难，意外与无常随时都会来临。身为佛弟子，一颗虔诚的心无处可依，只好独自在脑海当中努力回忆观想，佛菩萨的庄严圆满，观想自己与佛菩萨对话。“佛菩萨啊，为什么世俗的生活竟然是这样的？前世今生，我究竟做了什么样的业障？让我遭受这样的因果报应？我爱我的孩子们，他们那样可爱，天真无邪。如果说我的脑子没有问题，希宝也是那么健康，为什么我心爱的孩子们竟然有这样的缺陷？他们的前世究竟是谁的灵魂，投胎到我的家里？他们这个样子长大以后将会面临怎样的人生？我以为世俗的生活是可以精彩的，万万没有想到是这样难过，佛菩萨啊，你们在哪里？求你们关注这个高原上的子民，他们都和我一样，那么无助和艰难。嗡嘛呢呗媄吽……”

在孩子的健康问题上接二连三受到打击的玉烙，消瘦的身影独自在寺院边上心痛地转悠，苦难和贫穷让他已经感受不到生活的任何美好。他英俊的脸上挂满泪水，很难再看到灿烂笑容。他变得焦虑暴躁，开始经常打骂妻子。亲密的爱人希宝，不再是那个为了爱勇闯天涯的美丽精灵，5个漂亮的女孩子一个个地落地，最大的也活不到两周岁，就得眼睁睁地看着她们痛苦地离开。希宝的心灵和身体受到了严重的创伤。她的脑子里每天都在思虑怎么样，才能让活下来的孩子们填饱肚子。看到丈夫的疼爱荡然无存，希宝似乎明白了，甜蜜的爱情已经走远。她开始在担惊受怕的恐惧中过日子。但是她并不怪丈夫，只是仍然渴望着，玉烙能够像最初相识那样，疼爱自己。现在，尽管他时常暴躁地发脾气，但是看得出，他是疼爱孩子们的。艰苦的生活当中，希宝没有任何物质的要求，只希望一家人能够平平安安地吃饱饭，孩子们顺顺利利地长大成人。一家人在沉亘的生活负荷下，渐渐失去了往昔的快乐。

（格言：）

如果过分地以慈悲相待，慈悲也会变成仇恨的种子；

人间所有的矛盾和怨恨，都是起源于微妙的关系。

就在希热布9岁的时候，家里来了一位受欢迎的客人，她是母亲的一位远方亲戚小表妹。客人的年纪小母亲十几岁。身材与年轻时候的希宝相仿，为人欢快明丽。她就住在隔壁的部落里，因为喜欢与希宝做朋友，就常常到黑帐篷里和希宝一起聊天说笑。她的经常到访如同新鲜的空气注入这个充满巨大压力的家庭里。美丽依然却憔悴不堪的希宝，毫无戒备之心，心无旁骛地料理着家务，小心翼翼地回避着玉烙随时会爆发出来的伤害。然而，令

人意外的是，玉烙的眼睛也似乎被年轻姑娘的欢快点亮。他的唇角微微上翘，那是久违的欢乐符号。家里人似乎又一次找到了久违的快乐。在一家人的眼里，经常到访的她像一只欢快无忧的白鸽，欢乐令人期待。然而，谁有没有想到，这短暂的欢乐竟然是一杯毒酒。可怕的意外很快降临。父亲玉烙就在一个午后，悄然离开这个他亲手支起来的黑帐篷，再也没有回来。

年宝玉则的冬天那样的漫长，冰封万物的时候，冷风带来了消息，说玉烙跟着欢快的白鸽去了隔壁村庄，已经开始了他们崭新的生活。宽大的黑帐篷里，留下了生活的全部内容给身心憔悴的希宝，与6个不知苦难为何物的男孩子。他们天真无邪的模样，应该永久地驻守在玉烙记忆的长河里……

希热布唐卡作品：《红唐——藏地八骏图》

希热布唐卡作品：《彩唐——虚空藏菩萨》

卷四 JUAN SI

第一最好不想见，如此便可不相恋；第三最好不相伴，如此便可不相欠；第五最好不相爱，如此便可不相弃……

已经怀了第七个孩子的希宝没有吵闹或是寻找，大山一般沉默地接受了每一个没有丈夫陪伴的夜晚。甚至，没有在儿子们面前流过一滴眼泪。在孩子们的记忆里，自从父亲走后，母亲希宝再也没有提起过父亲的名字。她默默承担起独自抚养6个男孩子的生活重担。一如既往地重复着已经熟悉了的生活节奏。月光下，再也听不到孩子们嬉笑的欢乐声，只能听见阿妈的转经筒发出辘轳的转动声音，整晚整晚似乎绵绵不绝……然而，儿子们的眼睛里都能够清楚地看到母亲故作镇静的坚强下不堪一击的脆弱！他们的回来才能愈合。6个男孩子在一夜之间，似乎长大了。他们期待父亲能够回来，再一次温暖这个巨大的黑帐篷，可是欢乐之神，再也不曾光临这个曾经环绕着幸福的家。男孩子们每一天不得不去思考从前不曾关注过的生活内容，他们自觉自动地帮助阿妈扛起生活的担子。每个人都默默地做些什么，以减轻母亲的生活压力。父亲的无情抛弃，冰冻了他们在高原上的幸福向往。这已经不能称之为生活的生存状态，让青春期当中的男孩子们充满自卑感与愤世嫉俗的心态。

希热布唐卡作品：《彩唐——右旋法螺》

希热布唐卡作品：《彩唐——吉祥结》

希热布唐卡作品：《彩唐——观音菩萨》

卷五 JUAN WU

想得通就想得美，想得开，才知道花真的开了；忘掉了你带走的阴影，却忘不掉你带来的光辉。

对于无常的嘲弄，人们往往会不知所措。究竟是命运之神刻意斩断这个家庭原本的幸福。还是，无常的有意降临，单是为了磨砺非凡的灵魂。自父亲离开以后，男孩子们亲眼看见了母亲希宝一个人的顽强坚守，失意与劳累在她美丽的脸颊迅速刻上衰老与沧桑的烙印。年复一年的岁月当中积累的痛苦似乎完全洗刷掉了往昔的幸福与欢乐。生存的艰难促使男孩子们开始努力帮助母亲料理全部家务。他们放牧，背水，挤奶，到山坡、草原上去捡牛粪，储备牛粪；春天里挖人参果，高原之巅去挖冬虫夏草，原始森林里去寻找各种蘑菇……他们勤奋而又用心地寻找着一切生活物资的来源。然而，贫穷和饥饿如同紧箍咒，让迅速长大的男孩子们渴望一切。希热布用和父亲一样迷人的眼睛，用心地解读着母亲在致命打击下的一举一动。他每一天都跟在沉默的母亲身后，打理一切大小家务事。经常把小弟弟更登背在后背上，做家务。逐草而居的游牧家庭，每年至少要两次搬家，父亲离开了，大哥的智障有点严重，什么都不能帮忙。瘦弱的希热布一下子成了弟弟们的保护神，他带领着兄弟们与阿妈一起亲手制作牦牛黑帐篷。在冬天来临之前，上山寻找树枝背回来做好栅栏扎在帐篷

周围，以免大风掀翻帐篷。牦牛越来越少了，生活日渐窘迫。希热布与弟兄们开始商议如何帮助妈妈，让家里的日子好过起来。而这时母亲希宝的肚子，已经大得做不了多少家务，双腿肿得厉害。一个夕阳西下的午后，一声婴儿微弱的啼哭，从黑帐篷里传出来，希宝顽强地独自生下第七个孩子。听到小孩子的啼哭声，守候在火炉旁的希热布赶紧给母亲端过去一碗热热的牛奶，又是一个弟弟降生了……最小的弟弟金巴在接二连三的苦难当中降生，希热布把他又背在了自己后背上……

孩子们日思夜想的父亲，再也不曾回来过。草原上的风传来消息，父亲在那个女人的家里已经生了3个女儿。年少敏感时期的希热布，一次次地站在村子边上，等待父亲的身影出现，一次次地满怀失望，垂头丧气回到母亲身旁。他小小的心灵里，满怀愤懑和怨恨，每次外出骑马要“偶尔”经过父亲那一家的门口，或是看到那女人的身影，总是情不自禁地捡起地上的石头，向那院子用力丢过去。不知道他丢出去的石头，是否击中过父亲的视线和那女人的良心……

“那你们为什么不去追，不去找他回来啊？这里是他的家，你们是他的孩子，父亲他难道，一点都不牵挂你们吗？”“如果有牵挂的话，就不会走了，是吗？”希热布大师低垂着他的头，长长的睫毛覆盖住眼睛，看起来轻轻淡淡地说。

希热布唐卡作品：《黑唐——释迦牟尼佛》

希热布唐卡作品：《彩唐——地藏菩萨》

卷六 JUAN LIU

星月辉映的夜空上，定会升起耀眼的朝阳；孤苦无依的弱小者，定会得到神明的眷顾。

青海果洛通往四川阿坝的路上，大片大片的雪花似乎来不及调整降落时的优雅，就漫天飘洒在年宝玉则的上空。大雪再下两天，看样子就要封山了。山谷里行走着的牦牛群在缓缓移动，远远的一大片黑点移动在白茫茫的雪地上，12岁的希热布身上穿着爸爸留下的旧藏袍紧紧地跟在几个大人身后，赶着牦牛群，向四川阿坝方向前进。他们需要在这寒冷的时节，前往阿坝地区购买粮食、酥油以及其他的生活用品。因为，只有在这个季节，粮食才不会因为下雨而发霉坏掉。被子就装在牦牛背上。刚刚长成小小少年的希热布，瘦弱的肩膀已经扛起了家庭的使命。他跟随在同乡大人的身后，顺利买完东西高高兴兴地走在回家的旅途上。家乡的两个同伴，同行的大人突然决定要再回去阿坝一趟，去办点事情。他们叮嘱希热布一定要把牛群赶回家去。希热布只好只身一人赶着牛群，慢慢悠悠地走在返回年宝玉则的路上。夜晚来临，群山温柔的沉默矗立，黑暗之神覆盖了高原。弱小的希热布蜷缩在牛群中间取暖不敢睡着。他看着周围的高耸入云的群山，一边担心牛群走丢，一边担心会有狼群袭击。整夜整夜不敢合眼。眼睁睁地看着天边第一缕曙光刚刚爬上山顶，小希热布就赶

紧爬起来赶着牛群上路。菩萨保佑，在回家的漫长旅途之上，并没有遇到狼或是狼群。这是希热布平生第一次，在雪域高原上，独来独往。

雪域高原又绿了，灿烂的阳光照亮了阿妈的丝丝白头。她坐在草地山，摇着转经筒，对刚刚采蘑菇回来的希热布说：“听说你父亲病倒了，去看看吧。”希热布听闻，连忙飞身上马，快马加鞭赶过去看父亲最后一眼。父亲的头发也已经花白了，见到自己心爱的儿子希热布，满心欢喜。希热布带着久违的父爱，跑去请藏区最好的医生为父亲治病。一个月之后，父亲撒手人寰。希热布带着所有的兄弟们一起过去，看了父亲最后一眼。睿智的父亲，英俊的父亲，山一般的父亲，疼爱着他们的父亲，不服输不认命的父亲，永远地睡过去了。在年宝玉则的花湖边上，走完了他坎坷的一生。天上的神鹰俯冲下来，带走了他曾经强壮有力的身体。带着他的灵魂飞到这个娑婆世界以外的世界里……父亲，一路走好！

希热布唐卡作品：《彩唐——千手观音》

希热布唐卡作品：《彩唐——文殊菩萨》

卷 七 JUAN QI

依靠福泽来成就事业者，正如太阳有自身的光芒；依靠勤奋来成就事业者，如同油灯需要依靠外力。

坚强的母亲希宝，不忍心自己心爱的孩子们从此落入尘世平庸的碌碌无为当中。当希热布长到16岁的时候，母亲安排这个成天琢磨画画的孩子去了四川阿坝德格寺，去找母亲的一位哥哥，他在当地被称为久久活佛。久久活佛安排希热布到当地寺院里一位画唐卡的著名僧人——70多岁的印年师父跟前学习倾则派的唐卡绘画技巧。希热布欢喜无比，并在那里以自己的缘分与寺院的一位大堪布呷桑塔上师交上了朋友，这位博学多闻的大堪布喜欢大耳朵的瘦小希热布，每一次见面的时候，就给希热布教授“萨迦格言”。瘦小羸弱的希热布大大的耳朵里灌满了寓言故事，渐渐地学习到许多许多宝贵的格言真理。这样的格言真理作为启蒙教育，犹如高贵的种子种到希热布幼小的心田，在他的童话世界里，一点一点积累增长成一个属于自己的、完美的精神世界……希热布就在这份特别殊胜的爱里面，收获到第一本文殊菩萨的《真实明经》，他如获至宝，从此，与经书形影不离，走到哪里都要把经书背在后背上。可是，由于长期营养不良，希热布的身体越来越虚弱。就在这时，舅舅久久活佛安排希热布要快快回到家乡，去白玉达唐寺学习“杂龙”。希热布赶紧回到家乡，到达白

玉达唐寺，那里正在热火朝天地组织青年阿克们学习“杂龙”。这是白玉寺著名的修持方法。每年冬季，参与修持杂龙的青年僧人，身着扎腿单裤裸露上身，“九节佛风”“宝瓶气”“拙火”等一系列练习气脉明点的方法，以期打开脉节，增长智慧。初级入门的课程是“九节佛风”，中级的课程是“金刚拳”。冬季的果洛，气温都在零下二十几度，正在练习金刚拳的年青阿克们赤裸着上半身，在寺院的院子里生龙活虎地练习金刚拳。希热布在那里学了一段时间之后，就要接受考试。考试的那天天气似乎较往日更加寒冷，鹅毛大雪纷纷扬扬地覆盖在寺院的考场上，前来负责考试的堪布们都穿着厚厚的棉衣，落下的雪花经过呼吸的热气结了冰挂在眉毛上面。但是在寒风中的学员一点也不觉得冷。他们向考官们展示了学习的成果。经过锻炼的希热布感觉到自己的身体比从前结实了许多。在苦难接连不断的日子里，收获成长是唯一的乐趣。恰在这个时候，家乡的部落组织了一次赛马会，希热布代表自己的大家庭，骑着自己喂养大的马儿在众人的期待欢呼声中策马扬鞭，马儿似乎与主人心心相印，风驰电掣一般抢在众多赛手前面，遥遥领先。希热布带着众人抛过来的哈达献给一直在观看的阿妈，阿妈饱经沧桑的脸庞，露出难得的开心笑容。兄弟们的脸上也洋溢着骄傲和自豪。久违的欢乐幸福又回到了黑帐篷里面。

与此同时，远在四川的久久活佛接到妹妹希宝的来信，信中诉说了自己的内心的痛苦和对孩子们前途的担忧。久久活佛感同身受，感到孩子们未来的生活将会无依无靠，内心升起巨大的同情和怜悯。于是在他的要求和帮助下，希热布和贡却桑丹一起离开青海果洛家乡，前往甘南夏河拉卜楞寺学习。

希热布唐卡作品：《彩唐——文殊菩萨》

希热布唐卡作品：《彩唐——普贤菩萨》

卷 八 JUAN BA

成就智者之路充满艰辛，贪图安乐者成不了智者；若智者离开自己的家乡，到别处更受人们的敬仰。

神圣的上师宫殿，慈悲而宽容地接纳了无助的迷途羔羊。拉卜楞的格西加热师父，按照辈分来讲，是他们的叔叔。加热格西安排桑丹和希热布进入拉卜楞寺著名的大德六世贡唐上师、嘉夬嘉措上师、更登尖措上师、华尔单上师、摩尔盖桑丹尖措上师等诸位大德跟前接受灌顶，并在贡却乎尖措上师跟前受沙弥戒，开始陆续系统学习五部大论的经典内容。时间如同流沙，不知不觉地滑过。一年之后，在拉卜楞寺学习的希热布，心里实在放心不下年迈的母亲和兄弟，他辞别了加热格西与自己的经师。一个人回到年宝玉则。母亲已经苍老衰弱，家里的生活愈来愈拮据。智障的哥哥情况很严重，他经常和别人打架，鲜血和泥土经常把衣服染脏。被打的人经常找上门来。若是两个小弟弟劝阻，也会挨打。母亲整日担惊受怕，哀愁与心疼布满倦容。希热布尽其所能帮助母亲，他想把生活的物资给母亲准备充足，可是实在没有多余的钱给家里。举步维艰的生活环境，使他的心里更加日夜思念拉卜楞的上师们，思念拉卜楞红色的温暖。他想：“就是再能够去拉卜楞学习一天，也是好的。”有一天，希热布在高原上放牛的时候，无意当中将他最珍贵的那本《真实名经》丢失在草原

上，回到帐篷里才发现。希热布大惊失色，连忙跑出去，着急忙慌地沿着来路寻找，在白天放牧的高原上仔细寻找。万分焦急的他终于在夜晚来临之前，在一颗大石头的旁边，找到那本珍贵的《真实名经》。他高兴万分，心里再也不想耽搁，决定起身前往拉卜楞。于是，他给母亲说明了想法，母亲十分赞同。他安顿了两个弟弟更登和拉者，这一次他决定带着最小的弟弟金巴一起到拉卜楞去学习。临行前，母亲感到十分为难，因为家里实在没有多余的钱给希热布做盘缠。她独自到亲戚家去寻求帮助，然而却遭到了对方的冷言和漠视。回到家里，看到已经准备好即将出发的希热布和金巴，母亲伤心地哭泣起来。村庄里的好心人闻讯前来劝阻："你们还是不要去了，那里又没有你们的亲人，又没有钱，你们出去，可怎么生活呀？我看，还是别去了。"希热布站在门口，平静地对众人回答道："小狗妈妈生了那么多孩子，孩子们也没有吃到多少妈妈的奶，可是都活着。我相信，我们也不会饿死的。"他在口袋里揣上了仅有的70元人民币，拉着弟弟金巴的手，在众人的送别下，辞别母亲和众人，踏出了走出高原的脚步。雄伟的年宝玉则雪山，看起来那样巍峨，兄弟俩稚嫩的脚

步，从这里开始丈量天涯。

鹅毛般的大雪在青藏高原似乎从来没有停止过，纷纷扬扬地下了又下，洒下世界的洁白。希热布带着小弟弟金巴，一路步履艰难地到达四川阿坝的第一个村庄里。前方还要穿越若尔盖大草原，途经玛曲，再到当周草原。而那里距离拉卜楞还相当遥远。70元钱，远远不够远途的费用。举目无亲的兄弟俩开始食不果腹。经过徒步跋涉，金巴又累又饿，他在长途跋涉的劳累之下，开始生病。眼看着弟弟受苦，希热布内心备受煎熬，他看着仍在下雪的灰色天空，感到万念俱灰。万般无奈之下，他蹲下身平静地拭去金巴脸庞上的泪水，对他说："听老人们说，如果讨饭到九个村庄的人，一生都不会再有障碍。我们去讨饭吧，以后再也不会有灾难了。你不要怕，勇敢一点，来，我们从这个村庄开始，走吧。"他擦干弟弟脸上的眼泪，拉着他的手，走到最近的村子里……弟弟金巴从来不怀疑哥哥的任何做法，两个人每天出现在村庄里每一户人家门前。安静的村庄里出现了一位年轻的阿克领着一个生病了的小男孩，面容憔悴，衣着褴褛，步履蹒跚。善良的人们纷纷伸出援助之手，施舍粮食酥油给他们。大部分的家庭施舍的都是糌粑，酥油很少。小弟弟金巴饥肠辘辘的嘴巴里，终于吃到了香喷喷的糌粑，病也渐渐好了起来。为了表示感谢，希热布开始给村子里的人画佛像，念诵经文。每天晚上，兄弟两个人把讨要来的糌粑面粉倒进一个大面口袋里，装满以后，背到县城里卖掉换成钱，再继续向另外一个村子前进……

就这样，一路之上，希热布一边带着弟弟讨饭，一边给人画佛像，写经文，省吃俭用，历尽艰苦，终于到达朝思暮想的圣地拉卜楞。这一次，恰好赶上上师六世贡唐仓大师在草原上的灌顶仪式。从此以后，希热布每一天，都跟随在拉卜楞著名的唐卡绘画大师曲扎跟前，正式学习旧免唐派唐卡绘制技巧。拉卜楞红色的围墙里，是拉卜楞藏学府浩瀚如海的知识，六大学院教学态度严谨而又精进。希热布如鱼得水，全身心地投入学习的境界。他天赋绘画的种子在拉卜楞寺佛法甘露的滋润下，开始生根发芽。当命运之轮开始转变的时候，家乡却传来噩耗，最最能干的弟弟拉者，竟然由于肺疾没有钱治疗，年轻的生命就这样突然终止在寒冷的高原。母亲没有告知希热布，她已经失去了一个智慧能干的儿子，她全部的希望只是希热布能够学有所成。第二年的冬

天，在佛前已经披上袈裟的希热布，心里惦记着体弱多病的母亲和没有生活能力的兄弟们，特别想回去看看他们。于是，他暂时辞别了师父和同修的伙伴，一个人返回年宝玉则老家。他的到来是那么及时，他请来会念经的人和他一起念诵经文，送弟弟最后一程。青藏高原是那样辽阔广大，弟弟拉者是那么优秀。天空上翱翔地雄鹰，一定带走了弟弟的灵魂。“拉者，你一定要去一个美好的地方，不要让哥哥担心”。希热布带着对弟弟离去的无限伤痛返回拉卜楞继续学习。但是生命在这个世界逗留的时间，似乎一切都是业力之下的安排。就在希热布返回拉卜楞第二年，遥远的家乡捎来了书信，挚爱的母亲放下了这一世的所有，去了天堂。就像最初一见钟情的约定，阿爸阿妈他们在这一世所有的爱怨，从此烟消云散在美丽的年宝玉则雪山之巅……

母亲走了，走得那样匆忙。消息来了，来得那么迟缓。在那个交通不发达的年代，亲友的书信经过两个月的辗转传递，才到达希热布的手里。他的内心承受了突如其来的巨大悲痛，带着三弟桑丹心急火燎地返回年宝玉则老家。他们一起长大的黑帐篷，曾经给了他们无限温暖的黑帐篷，如今看起来已经破旧不堪，家门口竖起的柳枝编成的栅栏，也已经七零八落。智障的大哥和哑巴小弟穿着又脏又破的旧藏袍，木讷而又茫然地站在门口。小弟弟更登跑过来扑倒他怀里，哭着向他诉说着母亲离世的经过。这个家里的孩子，是真的无依无靠了。承受着巨大的丧母之痛，希热布把仅有的家产交还给当地的生产队，用这些年绘画所得的费用，请来家乡寺院的僧侣阿克们，为母亲超度亡灵。超度亡灵的诵经声在年宝玉则的美丽山谷里回声阵阵，滚烫的泪水，打湿了兄弟们的衣襟。他们坚信，母亲顽强的魂灵一定去了佛菩萨的净土。她永远安住在儿子们的心间。伫立在故乡的高山之巅，环顾着山下美丽的山峦与草原，山间清澈澄净的湖泊里似乎还有阿妈美丽的笑脸，希热布与兄弟们一起念诵了祝福的礼赞回向给阿妈之后，离开了养育了他们的年宝玉则。

希热布与兄弟们返回拉卜楞寺院临时租来的房子里，开始新的生活。拉卜楞寺学院里刻苦的学习绘制唐卡生涯三年后，绘画有成的希热布开始独立绘制唐卡佛像，拉卜楞附近的人们，闻讯陆续前来参观并定制自己的唐卡。他比从前更加勤奋绘画，赚钱供养兄弟们生活。两年以后，叔叔加热格西告诉了他们一个好消息，在拉寺里面，有一处正在转让的僧舍。院子不大，有三间房子。叔叔要求他们买下来，希热布画唐卡积攒了一些钱，又向朋友东借西借，总共凑齐了两千块人民币，买下了那个小院子，兄弟们总算开始了崭新的生活。终于有了属于自己的家，希热布与兄弟们一起高高兴兴地打扫干净，搬进了新家。已经熟练掌握绘画技巧的希热布，开始在这个温馨的小院子里创作自己的唐卡作品。附近的群众听到这里住着一位阿克画家，就有人慕名前来观摩，还有人经常过来跟希热布学习绘画。希热布对于前来学习唐卡绘制的人们，不分男女老幼，总是耐心地教授。在当时，唐卡技艺这一独特的一门手艺，会的人没有几个。希热布唐卡画家的美名不胫而走，他们的经济状况开始得到根本的改善。然而，令大家不安的烦恼是，哑巴弟弟嘎嘎最喜欢转古拉，常常转着转着就找不到人了。每到吃饭的时候，兄弟们不得不出去寻找。还好，每次都能够找到他带回来。可是，渐渐地，弟弟回来的时间越来越晚，经常在临睡前才进家门。噢，菩萨保佑！每次，他都完好无损地从外面回来。希热布很好奇，弟弟经常去哪里呢？于是有一次，他跟在弟弟后面悄悄尾随，却见他轻车熟路地走到上

师贡唐仓的院子里，径直走了进去。希热布吓得赶紧跟过去，担心弟弟因鲁莽而被赶出来。却看见那里的管家都熟络地招呼弟弟进去。他高高兴兴地和许多居士一起坐在院子里，听贡唐仓上师在讲经说法。上师贡唐仓见到弟弟，热情地招呼他，还让他坐在自己面前。弟弟就像见到自己的母亲一样，快乐地笑着。

希热布悬着的一颗心总算是落了地。他无限感慨地回到僧舍，庆幸弟弟有如此的上等缘分，能够经常听上师说法。更加令人惊奇的是，在以后的日子里，他们发现，弟弟嘎嘎经常在拉卜楞街上，带领陌生人前往上师贡唐仓的府邸，大恩上师总是乐呵呵地接纳，从没有拒绝哑巴弟弟的巨大热情。希热布心头感激涕零，深深地敬爱他的贡唐仓上师慈悲怜悯自己可怜的兄弟。最令人意想不到的是，有一次贡唐仓上师在草原上灌顶，当仪式刚刚开始的时候，哑巴弟弟挤到人群最前面，被贡唐仓大师一眼看到，乐呵呵地招呼他“哦，你来了，快来我这里，坐下。”弟弟像个小孩子见到母亲一样三步两步跑过去，一屁股坐在贡唐仓大师的面前听法。希热布和其他的人都是又羡慕又感慨，心底更加爱戴自己的上师，热爱圣殿拉卜楞。

希热布唐卡作品：《彩唐——居士达玛达拉》

希热布唐卡作品：《彩唐——除盖障菩萨》

卷九 JUAN JIU

凡是属于高尚的知识，圣哲常常会特意宣扬；玛拉雅山区的檀香味，微风会把它传送十方。

二十几岁的希热布和寺院里的年轻人一样，喜欢学习诗歌，礼赞。当时拉卜楞寺的修行人都热衷于写妙音佛母的礼赞诗歌，希热布自己在读了许多妙音佛母的赞以后也写了一点礼赞的诗句，般若佛母的智慧给了无穷的他灵感。他看了大量的传统唐卡《妙音佛母》之后，在他的心里面，一直在观想画一幅与从前唐卡不同，看起来十几岁少女形象，自己会动的佛母。于是，他一边念诵妙音佛母赞，一边绘制唐卡，创作了第一幅自己感到十分满意的唐卡作品《妙音佛母》。他兴高采烈地带着心爱之作，到贡唐仓佛爷的囊钦，恭恭敬敬地供养给自己的根本上师六世贡唐仓佛爷。贡唐上师见到这幅《妙音佛母》，非常喜爱，亲自为这幅唐卡开光，并带着这幅唐卡到四川阿坝，阿木去乎查理寺院的闭关中心“卡秀在”珍藏供奉。每年晒佛节时期，接受信众顶礼膜拜。当地群众说，那是一尊具有神通的妙音佛母唐卡，若向其祈祷，无不应验。

命运之神总是喜欢开这样那样的玩笑，童年生活的阴霾就要过去。拉卜楞寺院的上空，红脚黑衣的喜鹊在风中叽叽咕咕地讨论着命运的不可思议……

尘归尘，土归土。岁月用苦难洗涤了心灵，希热布心无杂念，一心求学。他不满足于传统的旧勉唐派绘画技巧，动身前往圣地拉萨拜新勉唐画派安多强巴大师为师，继续学习唐卡绘画与西洋画技巧结合的新勉唐流派；80多岁的安多强巴大师精神矍铄，在每一次绘制唐卡之前，必须先沐浴、焚香、磕长头，然后才开始绘制唐卡。严格的自律给了他老人家最健康的身体。他带着希热布去转古拉，步履轻盈，行动敏捷，笑声朗朗，像个小孩子一般，一点也不像一个80多岁的老人，年轻的希热布跟在大师身后，居然跟不上老师的脚步。希热布很是诧异，可越是追赶，安多强巴大师越是健步如飞。希热布累得气喘吁吁，却实在追不上，只好甘拜下风。安多强巴大师非常喜欢这个安静灵慧的弟子，新勉唐派绘画的技巧倾囊相授。岁月不曾蹉跎，苦难磨砺了心灵的纯洁与高尚。希热布完全掌握了安多强的绘画风格，结合自己对佛教理论的理解贯通和冥想，开始创作出完全属于自己独特的绘画画风。在希热布26岁那一年，受到藏地画家宗智拉吉的邀请，前往青海同仁县热贡地区，参与千幅唐卡“彩绘大观”创作，千福唐卡的绘制成功被收录在世界吉尼斯大全。其中希热布匠心独创的作品“十世班禅大师”唐卡像，被评为最佳创作奖。画面当中的“十世班禅大师”形象逼真，在画面凸显人物的真实感，看上去就像一幅被放大的照片一样，人物栩栩如生，动感呼之欲出。画面上方的两位上师画像如同真人缩小一般，神态安然微笑。画面下方，别出心裁地画出了北京天安门和现代感强烈小轿车。雪域神圣而遥远的布达拉宫也被巧妙地矗立在画面上，如同模型安放在画布上。超强烈的立体感，强烈地冲击到视觉，令眼前的这幅画立刻生动起来。任何人初见这幅唐卡作品，都不禁会问：“这是照片吧？一点都不像画上去的？看起来活生生的，太神奇了。”这幅唐卡目前被安放在青海藏医院博物馆里面。而与此同时，只要上网百度一下百科大全，就可以搜索到唐卡画师希热布的个人介绍……

希热布唐卡作品：《十世班禅额尔德尼·却吉坚赞》

希热布唐卡作品：《彩唐——金刚手菩萨》

卷　十 JUAN SHI

个人有什么样的本领，就有相应的名声荣耀；智者以学识闻名于世，英雄以勇猛无敌出众。

一时间，希热布声名鹊起。他的画风，结合西方油画技巧与新旧勉唐派唐卡特点，给人强烈的立体视觉享受。在他传承创作的作品里面，画面内容丰富，人物鸟兽灵动活泼，耐人寻味，成为自己独特的艺术风格特点。在画班禅大师画像之后，希热布按照六世贡唐仓上师的要求，绘制拉卜楞寺两位大恩上师的画像，以及上师的上师拉廓仁波切的画像。宗喀巴大师是菩提道次第广论的作者。贡唐仓上师是文殊菩萨的化身。在热贡年都乎寺院的禅修氛围里，希热布开始念诵上师礼赞，并观想上师的音容，灵感如泉水一般涌现。他的脑海里出现一棵菩提树，树下安然坐着大恩上师拉廓仁波切。他的内心涌起无限热爱，拉廓上师慈悲的面容从笔尖透出，观者能够感受到上师无限的慈悲智慧。观想大恩上师摩尔盖上师，画像画出来以后，庄严圆满，慈爱威严。希热布把唐卡送到上师手里，上师亲自开光，并在他的住所放了好几天，最后让希热布送到阿坝的郭芒寺的佛塔里面。唐卡送到的时候，天空下起了小雨，出现了多重彩虹，彩虹巨大圆满，好像就在希热布身边。希热布内心激动无比，认为这是吉祥的象征，内心更加感恩自己的上师。灵感源源不断，希热布在诵经的时

希热布唐卡作品：《显密广目善师拉科仁波切》

希热布唐卡作品：《智慧博学的善知识毛尔盖·桑木丹》

候，突然观想到观音菩萨，他看到观音菩萨手里的宝瓶，不断地向外面滴水，水量非常地大，好像两三天也滴不完的感觉。希热布感到非常地殊胜，他认为这是特别好的预兆，随即创作了《滴水观世音菩萨像》。这幅唐卡观音菩萨形象优美端庄，裙饰简约飘逸，画面内容丰富灵动，受到藏地画家的一致好评。在热贡的灵感创作，奠定了希热布大师自己独特的画风。

幼年生活的艰辛，少年时代的辛苦劳作，长期的奔波忙碌，加上严重的营养不良，希热布的身上留下了许多病患。在作品完成的最后几天，希热布的胃突然翻江倒海一般地疼了起来。什么都吃不下，喝下去的水都吐了出来。脸色蜡黄，没有血色。身边的画家们都担心了起来，他们赶紧把希热布送到藏医院里检查身体，检查的结果非常糟糕，糜烂性胃溃疡，胆结石，肝功也异常，需要继续住院观察。希热布坚决不住院，因为自己如果住院，需要高额的费用不说，哥哥弟弟们肯定会担心害怕的。他向大家询问，哪里有治愈这方面疾病最好的藏医生。画家们纷纷在自己的亲友圈子里相互打听，最后一致推荐四川若尔盖藏医院的前院长丹科医生可以治愈这些病。丹科医生是藏地公认的药师佛

希热布唐卡作品：《彩唐——滴水观音》

化身。他是宗喀巴大师的母亲香扎阿钦的转世灵童——香扎班智达的得意门生。被认为是华佗再世，为人耿直，特别和蔼可亲。于是，希热布辞别众人，独自一个人乘坐班车，前往四川若尔盖大草原。车子在甘肃到四川的二级公路上颠簸，到达若尔盖的时候，希热布的身体已经虚脱。丹科医生是一位境界相当高的高僧大德，他看到奄奄一息的希热布，连忙放下手中的其他病人，亲自给希热布把脉看病，并亲自监督为他治疗。若尔盖草原的夏季湿润温暖，季候风吹拂在希热布瘦骨嶙峋的身上，久病成疾的希热布感觉到自己奄奄一息，病中的他不知不觉开始思念疼爱他的阿爸阿妈，开始想念拉卜楞的兄弟们。“阿妈，阿爸，你们在天国还好吗？更登啊，你的学业进步了吗？嘎嘎，你还在上师那里听法吗？哥哥啊，千万千万不要出去打架……”他回忆起他们苦难的童年，回忆起曾经给过他们快乐的阿尼玛卿雪山。强烈地思念拉卜楞寺院里的上师和学友。丹科医生一眼看穿了他的忧郁，在治疗期间经常讲一些成就大师经历的苦难故事，来开导希热布的思想，帮助他治愈内心的伤痛。若尔盖草原一望无际，黄了又绿，绿了又黄。鹅毛大雪铺天盖地地飘洒了下来。为了帮助希热

布尽快恢复健康，治疗期间，若尔盖县藏医院的院长阿克呷桑，善意地安排希热布住在自己的家里，饮食起居都照顾希热布，并且亲自去很远的地方取来泉水来给希热布治病。泉水的水源地在很远很远的地方。需要走一个多小时的路程去取水，再往返回来。阿克呷桑的善行，令希热布感激涕零，他至今都念念不忘，他一再地说，这两位是他一生当中令他最为感动的大恩人。经过四年时间的精心治疗，希热布终于恢复了健康，他高高兴兴地辞别了他生命中最重要的大恩人，返回拉卜楞。兄弟们见哥哥恢复了健康平安归来，格外高兴。他们在自己的小院子里，围坐在希热布身边，喝着香甜的酥油茶，庆祝他身体康复。

温馨而又充满希望的僧舍小院子里，引来了远近前来寻求智慧的求学者。甘加草原上的黑桑杰，背着他简单的行李，加入了他们的这个小集体。10岁那一年的下雪天，年幼的桑杰跟在阿妈身后，阿妈背上背着背篼，这对母子需要翻过眼前的一座山，从冬季牧场的房子到冬季牧场临时的住所。就在这座山上，桑杰与母亲聊天，第一次，听到阿妈说：我们人的生命是和牛羊一样，是痛苦的。我们来到这个世上，就是受苦的。“痛苦”一词在年幼的桑杰耳朵里灌进去，一直灌于心田里，令他感觉到格外地不舒服。于是他仰起小脸儿。问阿妈：“有不苦的方法吗？”阿妈低下头回答他：“有，出家，去寺院学习”。桑杰仍然执着地仰着脸，继续问阿妈：“出家的话，对我们家，对我们家亲戚族人，对我们的村庄，有好处吗？”阿妈俯下身，认真地回答他：“有，有太多的好处了。”“哦，那我出家。”一瞬间，阿妈的眼睛闪亮闪亮的晶莹，她高兴自己的儿子主动选择为了他人利益而出家，这无疑是儿子累世修行的结果。桑杰12岁那年，一家人为了他就近学习，正式送进拉卜楞寺经师那里。1993年桑杰

加入了希热布的僧舍院子里。由于年幼在草原上的放牧生活，导致年幼时期桑杰皮肤黝黑。于是大家开玩笑称他做“黑桑”。汉语意思是：“黑色的佛。”在拉卜楞寺的入门考试程序里，对所学习过的经文的熟悉理解与娴熟背诵，佛教经典教义的理解与诠释，是整个考试过程当中关键的关键。夜幕刚刚拉开的夏河的天空，繁星点点。希热布僧舍的小院子里沸语喧天，笑声不断。希热布兄弟们和甘加草原的桑杰，还有来自青海的另外一位年青求学者，正在秉烛夜话。不过，他们可不是在讨论诗词曲赋，而是在对当天学习到的佛学理论进行激烈的讨论。其中两个人坐在小桌子的一边，另外三个人坐在桌子的另一边，几个人会同时提问，有时候要求被回答的那个人会成为众人抢答的对象。为了使自己提出的问题最先得到解答，回答的那个人通常会直接被抢先提问的那个人抓住衣襟，要求优先回答。睿智而博学的黑桑杰经常是被抢答的对象，因此他的袈裟的右襟，常常就被大家撕扯得破了又缝，缝了又破。勤奋的希热布与好学精进的黑桑杰住在只有一层木板隔开的房间里，在每一个夜晚，他们几乎都能够听得见对方在翻阅书本或是诵经的声音。两个人虽然同居一室，然而却都在紧张而又精进地学习背诵经文的氛围当中度过数不清的日夜。星移斗转，拉卜楞寺院迎来了中华人民共和国成立以来第一次未成年僧童入寺院的考试。黑桑杰平日用功学习，终于有机会参加考试。200多人种只录取13人。桑杰如愿以偿地考进，而且获得了并列第一名，得到进入大经堂学习的资格。

1997年，班级到四年级时未成年僧童需要考试，考及格继续上升，考不及格的人分两种级别重新读，桑杰和三名师兄又通过考试继续升班。然而，同样做了积极准备的希热布，由于平日里需要用大量的时间和精力来绘制唐卡来换取兄弟们的生活保障而分身乏术，永久地被隔在拉卜楞寺院的红墙之外，成为一名笔尖上的修行者。这样的结果，也许正是希热布大师深灰色的眼眸里那一抹失落的真正原因。2013年9月的一个午后，阳光耀眼。我们跟在希热布老师的身后，在拉卜楞的街道上慢慢走过。骄阳似火，希热布老师用红色的僧袍遮挡在头顶上，我们学着他的样子，把围巾顶在头顶上，只露出两只眼睛，藏在宽大的太阳镜后面。一路上，不断有人向希热布老师打招呼，希热布老师点头，微笑，挥挥手。我们走过拉卜楞寺院的转经筒旁边，希热布老师在前面将它们一一转动。我们跟在飘起的红色袈裟后面，身口意一片澄净。我们走到了面朝西向的僧舍门口停了下来，简单的原木雕花大门上面，一对古老的铜环，希热布老师拿起铜环，轻轻地扣了三下，过了一会儿，大门吱吱地叫着被慢慢拉开，一个上了年纪的阿姨笑着弯腰恭敬地欢迎我们进门。原来是沈阳的老修行，马阿姨。安静的院落里洒满阳光，希热布老师带我们去了那间他年轻时代曾经修行的房间。房间里靠着花窗的地方放着一张旧了的红漆办公桌，“这就是我曾经画画的地方”。希热布老师环顾四周，轻轻地说：“这个地方，我住了二十几年。”我跟随着老师的目光环顾四周，有他年轻的身影浮动。院子里，洒满阳光，我的心在那一刻，却一点点涌起忧伤。那个年轻清瘦的艺术家，在往昔的光影浮尘里勤奋学习创作的模样，此时是那样鲜活。出门的那一刻，希热布老师环顾门前，又一次轻轻地说：“这个地方，我住了二十几年……”

希热布唐卡作品：《麒麟》

希热布唐卡作品：《蛟龙》

希热布唐卡作品：《彩唐——弥勒菩萨》

卷十一 JUAN SHI YI

荣誉是今生的福源，功德是来世的资粮；除此两外尽凭钱财，绝不会使智者欢欣。

桑科草原又绿了，绿色布满山峦，凸显出山脉温柔的曲线。日子一天天在过去。希热布内心深深渴望追随上师的脚步去入理如法地修行，他经常去各地寺院朝觐，到磁场特别的地方去闭关。他内心渴望寺院里精进地禅修生活，但是又放不下弟弟们，从小饱受命运捉弄的他，不敢轻易卸下肩膀上的责任。总是担心弟弟们没有了自己的照顾，究竟是该何去何从。年轻的希热布内心第一次感受到选择的艰难。他动身前往合作，到藏地大德赛沧桑活佛那里，向上师诉说自己苦闷的心结，向上师征求意见。“上师，我究竟是应该选择在寺院里修行还是继续画唐卡？”赛沧桑上师无限赞叹地鼓励他，“你画唐卡本身就是在修行。你的手艺这么好，最好是成立一所唐卡学校，把这么好的手艺传授给后人，为人类做出贡献。一定要把这么美好的技艺传播于世。”得到了上师的开示，希热布又征求了其他几位高僧大德的意见。他们都建议希热布继续画唐卡，传播唐卡文化。拉卜楞许多的师兄弟也是这样的愿望。于是，希热布内心生起信心，发愿要实现上师的嘱托。他先是到藏区的各个寺院里去朝拜，心中

祈愿为了利益众生学习佛经佛法观想方便，把唐卡文化中心顺顺利利地做起来。之后，他回到拉卜楞僧舍小小的院落里，开始接受唐卡的预定。各个地区的群众闻讯，纷纷前来定制唐卡。希热布开始了自己人生当中，第一个唐卡绘画创作高峰期。

希热布唐卡作品：《彩唐——苏频陀尊者》

卷十二 JUAN SHI ER

一个人在雪中弹琴，另一个人在雪中知音；如果给圣人做了好事，尽管微小也能得到回报。

转眼间，冬去春来，白雪渐渐融化，藏区草原牧场上又恢复了蓬勃生机，娇艳的格桑花在微风中轻轻战栗。一年一度的香浪节开始了，人们在大地母亲的怀抱中尽情地享受大自然赐予的一切快乐。寺院里的出家人也都纷纷走出户外，集体参加在插箭节。一个箭就是一尊神，整个箭身是白色的，箭尖上的翎羽是白黄红绿蓝五彩的木板组成的。山顶上的煨桑台桑烟袅袅，无数的龙达在风中翻飞飞舞，纷纷扬扬，像下起了彩色的雪花。人们口中都在诵经，不为自己祈求，只为众生祈福，为万物结下无上佛缘。藏区的澄明如镜的大大小小湖泊边上，在青翠茂盛的树林间，在如诗如画铺展开来的草原上，大大小小，黑色的牦牛帐篷，白色的帆布帐篷，彩色的户外帐篷，就如同万花筒，在阳光下，在绿茵里，一处处绽放开来。

一个身形瘦弱，相貌清秀的年轻僧侣，背上背着一个僧侣的黄布袋子。游走在帐篷之间。帐篷之内的人们就开始哗声一片“哦，唐卡，太美了，哦哦，是个画家……”草原的清风在快速传送着消息，好奇的人们闻风而动。原来是一名年轻僧侣画家，带着自己的作品，来到信仰的人群中间。“南海观音菩萨”。“长寿佛”“十八罗汉”“释迦牟尼佛”“二龙戏珠”“雪域牦牛”……顷刻间，僧侣被人群包围。这些作品在画面上被赋予了生命，栩栩如生地展现在桑科草原上。

消息被风吹到了白底绣蓝色吉祥八宝的帐篷里，帐篷里面是夏河县当届县长才让东珠先生，他正在和县委的同事们喝酥油茶。县长是一位年轻的藏族书生，他带着四方眼镜，穿着整洁干净的白衬衫，藏蓝色中山装外套，听到沸腾喧闹的声音，与同伴走出帐篷。一眼就看到了人群当中正在展示自己画作的僧侣。他走过去转到僧侣背后注目观瞧。画面上，一位年轻美丽的女子怀里抱着一把琴，端坐在一朵盛开的粉色莲花之上，左腿盘，右腿屈伸。轻启朱唇，正在弹唱轻音。莲花开在水面，莲花下的天鹅曲颈倾听，鱼儿在水中欢跃，仿佛也听懂了天籁之音。女子的身后升起巨大的光环，层层围绕，光环上有莲华闪烁，仿佛星河般璀璨明亮。“好美的一幅画！”“太美啦，是谁？”人群当中啧啧赞叹声不绝。“师父，您好！请到我的帐篷里来坐坐”。清秀的僧侣收起画作，与书生一起走向他的白色帐篷。宾主落座在宽大的帐篷里，香喷喷的酥油茶就立刻端放在座椅前面的雕花木桌上“师父，请问您是哪里人？”“青海果洛的。”“哦？师父，在哪一座寺院修行？”“现在在拉卜楞寺。”“哦！我也在夏河工作，师父的唐卡画得好啊，这一幅唐卡画的是？”“啊，是妙音佛母，藏语称《央金玛》。”“哦，画得好！您可得把这么优秀的技能，教授给喜欢绘画的人，把它传承下去。让咱们藏区老百姓的孩子，都来学习学习啊！”“好的，好的。”“我是才让东珠，在县政府工作，师父的画这样传神，是咱们夏河县的荣耀啊。以后在生活上，有什么需要帮助的，尽管来找我。”“感谢感谢，我是希热布，住在拉卜楞东面白塔附近的小院子里，您有空，到家里坐坐啊。”

短暂人生，有多少不期而遇。如同烟灰泡影般的娑婆世界里，这惺惺相惜的遇见，如同星辰一段灿烂，从此，照亮了桑科草原这一方世界。

美好的事物，在这个世俗的世界里是如此稀罕，人们常常为了追求它而倾其所有。希热布的唐卡，表达的正是信仰的化身。一尊尊佛像庄严美好，内容新颖而又充满温情。一幅幅唐卡美轮美奂，无可挑剔。从此，希热布唐卡的美名不胫而走。许多人慕

名而来，到夏河拉卜楞寺院的小小院落里，带着虔诚与期待，定制自己心目当中信仰的神明画像。当地的藏族群众与内地前来结缘的群众都非喜欢希热布的手绘绘画作品——《旱獭》《马群》《藏獒》《背水的姑娘》，藏区人民生活的浓郁气息，在画布上随处可见。

希热布创作的《拉卜楞寺上师——拉廓仁波切》唐卡像，生动逼真，可与照片媲美，有过之而无不及，被拉卜楞寺院收藏在贡唐仓大师的经堂里供奉。原创唐卡《雪域牦牛》，被藏地群众争相拍成照片，供奉在家里，视若神明。创作的《寂天菩萨》人物形象清秀脱俗，画面景物明亮动人，完美无瑕，被藏地佛教书籍画刊争相转载。他创作的藏文创始人《吞弥桑波扎唐卡画像》，被藏地各个大小学校供奉在书院……

希热布唐卡作品：《彩唐——寂天菩萨》

希热布唐卡作品：《雪域牦牛》

希热布唐卡作品：《彩唐——伐阇罗佛多尊者》

卷十三 JUAN SHI SAN

施舍是最佳的礼物，慈悲是最大的快乐；智慧是最美的装饰，诚实是最好的朋友。

在这个并不算大的地球上，曾经流传着这样一个传说。远古时候，在一个美丽得如同花园的国度里，居住着一群无忧无虑的人们。他们生活在碧空如洗的苍穹之下，居住在四季同时出现的神奇土地上，那里有七彩斑斓的湖泊，还有高耸入云的雪山。他们的先辈，迎着灿若锦缎的朝霞，踏着晨露逐草而居；他们那里没有疾病与纷争，没有恐惧与忧患，他们在虔诚的心灵支配下，幸福而又快乐地度过生生世世。那个传说中的国度，被记载下来的名字，叫作“香巴拉（神仙居住的地方）唐卡”，被称为会移动的佛像。它的诞生，来自于虔诚的呼唤。

古老的印度河流，孕育了灿烂的文化。在巍峨的喜马拉雅山麓，古印度迦毗罗卫国（今尼泊尔境内）王室，诞生了一位自性觉悟的伟大人物，乔达摩·悉达多。他在预言家的预言当中降临人世并统领了众生的思想。他创立了佛教化的思想，劝人向善。以著名的六道轮回的因果关系，决定未来生命的形态。这位横空出世的智者，用他的大智慧与善巧方便的方式，给娑婆世界的人们，指出了通往光明的旅程。

智者的声音就是愚者的方向，佛陀的思想言论如同天籁，很快就在喜马拉雅山麓传播开来，一位异国的婆婆听闻佛法，心生欢喜，无限渴望见到佛陀的容颜，于是，古老的书信在古老的过去，翻山越岭传递到佛陀手中，慈悲的佛陀对着水中的倒影，画出了自己的模样，使得年迈的老人在有生之年如愿以偿。这就是世界上第一幅唐卡的由来。佛陀和菩萨给予了人们终极的关怀。

藏族人尤其喜欢将世间法和出世间法相结合。因此供奉唐卡观想成了藏地人生活当中最重要的一部分。转世活佛一直都成为西藏艺术最大的支持者，很多活佛从孩提时代起就开始研究艺术。并且一生都将唐卡绘画作为自己的观想工具，几乎所有

的活佛都会对自己在艺术领域获得的知识和付出赞助感到自豪。藏族人在很多不同的材质上绘制唐卡，最简单的一种被称为香巴（shing par），就是木刷。其次是彩香巴（tsun shing par），就是在已经印好蓝图的木板上绘画，有点类似格子画。最为普遍的就是布面手绘，这类唐卡又被分为：彩唐，金唐，红唐，黑唐。意义上分别代表“息、增、怀、柔”四种思想境界。可以说，每一尊佛像的造像，都代表或象征了某一特定证悟体验所需的品质。每一尊造像的表现手法，都体现出西藏艺术典型的慑人美感和精湛技艺。这些精美的唐卡，方便的卷轴，给了游牧时期的藏族人带来了精神上最大的依托。

唐卡画师，被称为拉日巴尊者，是修行的画者。受尽人间苦难的希热布，将自己的赤子之心，完完全全地安放在佛陀散发的光辉里。传神之作，被世人深深喜爱，顶礼膜拜，真正意义地成为藏地一代唐卡大师。

希热布书法作品

希热布唐卡作品：《彩唐——宾度罗跋罗堕阇尊者》

卷十四 JUAN SHI SI

拉卜楞上师的宫殿，大夏河流年缓缓；我是孤独的行者 ，只为实现心中的夙愿……

藏地绵延的山谷里，大夏河以独特的沉寂，养育了岸边的子孙数千年。拉卜楞寺院以严谨的教学求学态度、渊博的学术理论而号称“世界藏学府”。它坐落在每一座山都有自己山神的名字环绕的神山谷底。国家级非物质文化博览园——唐卡中心，这个用笔尖画出来的梦幻之地，原木构建的藏式建筑，散发着浓厚的文化气息。2013年的12月，跟随在希热布，这位杰出的唐卡艺术修行者红衣飘飘的身后，在这个冷冬的夜晚，我们坐在国际青年旅社的火炉旁，认真倾听他对唐卡中心的初始至今娓娓道来。厚厚的柏木地板散发出浓重的柏香，面前的酥油茶袅袅升起热气……

心头记挂着上师的教诲，希热布在佛前发愿：要在有生之年，让有缘众生看到唐卡，升起信心，得到佛陀的解脱甘露。可是，应该如何开始呢？他的耳边，想起夏河县委书记才让东珠在草原上对他说过的话。希热布走到县政府，他在门口徘徊又徘徊，从来没有进过政府大门的他，终于鼓足勇气，走了进去。书记看到穿着袈裟的年轻画家，感到惊喜而又有些意外，他热诚地请希热布落座，详细询问了希热布的来意。希热布看到县委书记

如此平易近人，慢慢地向他讲述了自己的来意。才让东珠书记听到希热布打算成立唐卡中心，培养唐卡画师之时，大喜过望。他拿起电话，亲自给甘南州藏地沙比才让州长汇报，并亲自帮助希热布写书面申请。沙比才让州长也是一位热衷于藏文化推广的领导干部，他看到报告以后，立即批复，夏河县政府全力支持唐卡中心建设的决定。东珠才让县长亲自在雅格塘划拨了地皮，让希热布放手去做。

拥有了地皮，希热布和弟弟们四处奔走，筹集善款，然而却很难达到预算的金额。就在这个时候，拉卜楞的一位高僧大德，年纪八十多岁的阿克尘历，正在给众多弟子们传授龙王宝瓶法，讲授龙王宝瓶的制作方法以及它所蕴含的意义。希热布和弟弟更登赶紧跑到阿克的弟子中间，与大家一起在阿克跟前接受传法，得到了完整的放龙王宝瓶的方法。阿克须发银白，身穿大红袈裟，面色红润，无比慈悲。他亲自带着希热布和其他几个弟子动身前往上海、广州，乘船到大海里面投放龙王宝瓶。希热布紧紧跟随在上师身边，在轮船上，虔诚地念诵经文，在蔚蓝的海洋里投放下地藏王菩萨的龙王宝瓶，为众生祈福，为地球祈福。与此

同时，结缘的许多信徒得知希热布想要建设唐卡学校的愿望，纷纷捐助，表示愿意帮助希热布完成心愿。

善意的起心动念总是能够感天动地。无巧不成书，恰在此时，甘南藏区迭部的原始森林保护区发生自燃火灾，熊熊大火燃烧了三天三夜，烧毁了许多珍贵稀有的树木。在得到国务院的正式批复文件以后，迭部县政府决定处理被烧毁的木材。县政府公开招标，出售所有烧毁的林木。那时候，听到这个消息，希热布他们非常激动，赶紧租了一部卡车赶到迭部林场，足足装满了一卡车的木头。有烧焦的，也有较好的，购买的条件是不能挑选。雇佣的老式大卡车装得满满的，一路哼哼唧唧地号叫着拉到夏河县。一张政府的公文纸上沿途盖了50多个章子，说到这里，希热布大师仍然感慨地抓了抓脑袋说：“哎呀呀，真是不容易啊！”

是啊，的确是非常的不容易。唐卡中心的初期建设，如火如荼。希热布与弟弟们亲自设计原木结构的传统藏式阁楼，并聘请了一位年轻的藏式传统木雕装饰饰高手，从门楼到花窗，每一个楼梯扶手，每一个木头桌椅，都用心琢磨。

经历了苦难鞭挞的希热布，用一支画笔，在大夏河边上不足

10亩地的院落里，筑起梦想的摇篮。他把这里命名为唐卡中心，进入大门正对的地方是二层藏式木头雕花门窗的唐卡展览中心。展览中心对门是唐卡中心的佛堂，里面供奉了大大小小的佛像和经书。为了方便让更多的人来这里长期学习，他们建设了住宿的地方，接受朋友的建议，加盟了起源于德国的国际青年旅社。为了方便大家吃饭，建设了藏式餐厅，为大家提供藏餐和酥油奶茶。唐卡中心自2005年破土动工陆续建设，直到2009年全部落成……

希热布大师长长的眼睫毛迅速眨几下，表情看起来突然间变得非常困惑地说：“当时有一位杨老板很有实力，一举买下全部处理木材，囤积在山林林场里面。他亲口说：不赚到三千万绝不出售。结果，他最后就真的赚到了三千万啦……”听到这里，我们不禁面面相觑，看看希热布老师孩子一般一脸的困惑，我们不禁开心地大笑起来。

希热布唐卡作品：《彩唐——半托迦尊者》

卷十五 JUAN SHI WU

如果是真正有学问的人，人们自然从四方来请教。好像鲜花虽盛开在远方，蜜蜂会云聚其周围一样。

憋闷得太久的都市生活，不知从什么时候开始起，自省的人们开始渴望出去，走一走。走到城市与乡村的边缘，去呼吸田野的清新，去让随风轻摇的野花，摇荡起自由的快乐；逃离城市的喧嚣与压力，去寻找世外桃源。于是，一辆辆车子奔驰前往，去寻找久违了的蓝天，白云，草原，湖泊，丛林绿野，去呼吸没有污染的空气，去寻找，久违了的真实的自己！一颗颗向往自由的心灵，随车轮奔驰到那湛蓝如同婴儿的瞳仁般的纯净天空之下，躺在绿草如茵的大草原上，接受高原炽热的温暖的阳光。俯下身，嗅青草的芬芳，不经意，压倒了细小的野花，它们是那么不起眼，一片片的怒放在绿草中央。

我想我们，是幸运的宠儿，在心灵沉重得无法呼吸也无法再哭泣的时候，选择启程，却无意间闯入了这个梦幻般的“天堂”。人生路上从此开始了一段最美丽的邂逅。这是一个离“天”（佛陀）最近、离“人”最远的地方，是神话的所在。洁净的土地，信仰的乐园，神秘和梦幻几千年来一直笼罩着这块氧气稀薄的土壤。于是，我们的车子，载着我们单薄的身体和负荷超载的心灵，一次又一次，接近它的伟岸；我们的脚步，一步又一步，叩拜了它的神圣。并在这里印证了神话里不老的容颜和艺术殿堂不朽的魅力！

我们在早春最冷的夜晚，抵达拉卜楞。在这午夜时分，薄雾缭绕，如同夜色妖姬。长发如瀑的藏族卓玛匆忙地奔跑出来，迎接初来乍到的我们。在一座看似古老的藏式院落里头，我们被漂亮的卓玛安排在炉火正旺的大炉子旁边，坐在小板凳上，捧着大碗茶，驱散寒冷。火炉里头的火势旺盛，那种熟悉的感觉，像童年时姥姥家的热炕头。随即，卓玛又带我们踏上木板阁楼的二楼，木板铺地都是实木，过道是厚厚的地毡。一个粉红色墙面的房间。房间里上下铺，雪白的床单，厚实的棉被，温热的暖气管子里水流轻得仿佛催眠一般，梦，一个也没有……

拉卜楞阳光的明媚，仿佛都集中在拉卜楞寺院的金顶。在每一个晨曦降临的灿烂时刻，将金色的光辉倒映在碧蓝的天空下，使得巍峨的山谷，瞬间就明亮了起来。灿烂映照在每一户庭院，院子里的鸟雀就兴奋地啼唱起来，也许，它们每天的晨会，也在赞美光明佛母动人的眼神，还有她飞速行驶的光阴的车轮。就在我们落脚的国际青年旅社的院落里，恬静如同酣睡的婴孩一般氛围之中，一群勤奋的唐卡画师，已经开始了崭新一天的辛勤耕耘。正对着大门的唐卡中心的上下两层展示大厅，一幅幅唐卡或庄严秀美，或金碧辉煌，每一幅唐卡的本尊，都向世人展示着非凡的能量。他们分别代表或象征着获得某一证悟体验所需的品质。这些美轮美奂的心血之作，是历代传承的精粹。而这个展示古色古香的藏文化的院落主人，就是国家级非物质遗产的传承人，希热布·嘉措大师。

我们决定拜师，并且被幸运地接纳。于是在唐卡中心不到一百平方米的画室里，开始跟随老师学习。在学习唐卡绘画的过程中，一点一滴地认知，唐卡的构图严格地遵照释迦牟尼编制的度量经，画师必须要严格的掌握，而不是随意的发挥。只有持这样严谨的学习态度，才能迅速掌握绘画技巧。同时因为严格的画面要求，在学习的过程中也在一点一滴地净化心灵。色彩是唐卡艺术的重点表达，佛业的体现分别四种颜色来表现，白色代表水，纯净，是一切形象之源。白色佛业可以产生“息（和谐）”。黄色代表土，支撑着所有的生物。黄色的佛业可以产生“增”。红色是火，代表“摄”（威严），改变的力量。深蓝色的佛业代

表“伏”（怒气）。颜色和形状一样，传递着情绪和意义。密法的修持者会修持并表达这四种情感。除此之外，这四种情感还可以合二为一，成为烟绿色。

一次又一次提高技艺的同时，也提升了证悟的灵性。曾经在天寒地冻的冷冬，我们与师兄弟们一起，静静地一边画画一边聆听，扑打在窗棱上的飞雪。在春暖花开的季节，三三两两出去踏青。也曾在过年放长假的前夕，一起去吃藏式自助火锅，相互歌唱着祝福。在美丽的桑科草原，一年一度的香浪节上，一起吃藏餐，一起载歌载舞……

完成一幅唐卡作品，通常希热布老师会请拉卜楞寺的僧团过来，举行开光仪。在藏语中，这种画像被称为ten，即“花瓶”的意思，意指盛满法力的花瓶。

看不见的时光，看得见的快乐。于是，敞开的心灵丢掉了都市生活的压力，我们不禁开始追溯，那些久远的唐卡故事，那些过往的存在的传奇人物……

唐卡中心，不但是唐卡爱好者的家园，远道前来朝圣修行的人们，也选择到这里的国际青旅打尖住宿。比如，现在在拉卜

楞街头，也许一个不小心，就会撞到来自沈阳的老修行马阿姨。她原本是国家一级工程师，因病前来祈福，前来拉卜楞拜佛。现在的马阿姨风雨无阻，日复一日，起早贪黑地围着拉卜楞转佛、转塔、转古拉、磕长头。她在中年来到了唐卡中心，现已经上了年纪。黑发转白的古稀老人，身体却较原来更健康了。还去了菩提伽雅朝圣。一口粗糙的东北话，一条红色围巾永远缠绕在脖子上，两只手戴着手套，几颗大门牙很不团结地坚守岗位，一张嘴就大嗓门嚷嚷的东北人马阿姨，许下的心愿是，来世一定要有资格在拉卜楞寺做一名僧人。

大夏河旁边，这座神话般的唐卡殿堂，古朴而又伟岸的藏式院落门口，彩色的经幡在高杆上迎风飘摇，仿佛是寒冷为了证明阳光的温暖，飘动的经幡使人畏缩的心灵一下子快活了起来。传统的藏式结构的院墙里面，是两层透着古色古香韵味的藏式木雕阁楼。左手边是红色墙面的二层阁楼，房顶上放着国际青年旅社的标识。两扇厚厚的藏式门帘就严严实实地挡住了凛冽刺骨的冷风。一进门，炉火正旺的一个小型会客厅让人眼前一亮。进门左手长长的三排长条桌子，长条凳，漆了红色，年时久远因而磨得发亮，右手是一个落地大炉子。炉子旁边是一个小小的吧台，吧台做得比较高，看上去像小城堡似的，将宾客隔在外面。吧台的台面上摆放了一些藏茶和饮品。天南海北的背包客就如同回家了一般，坐着喝茶，或者站着聊天。完全没有任何的拘束和陌生。正对门的墙上，是一幅美丽的唐卡，画面展现的是藏地人民生活的快乐内容。厚厚的楼板仍然是实木的，走上去的感觉，是踏进了森林的小木屋。二楼是住宿的客房，客房里面是木头做的上下铺高低床。每一间房的墙壁，都刷了不同的颜色。暖色居多，淡淡的粉色，浓浓的玫红，清新的淡绿……这里，是希热布大师的弟弟，贡却桑丹与哥哥共同创建的红石国际青年旅社。是为远途的游子准备的温馨客栈。旅社的墙壁上贴满了客人们留下的涂鸦和随笔。浪漫而又温馨得一塌糊涂。使人一下子就忘掉外面的寒风和空寂。仿佛到达了这里，就是回到了自己的家。

院子大门正对着的二层阁楼，是希热布大师的经堂和唐卡展览室。每一年创作的唐卡精品，都会收录在这个阁楼里，安静的互相凝望。一室的繁花似锦，一室的锦绣洞天。在这个展览馆内，一个手工彩棉锦线制作的绿度母坛城，气定神闲地被安置在展馆内侧，美丽得让人一下子想起“空中楼阁”这一句来。绿度母的美丽，沉鱼落雁的气息就随着坛城散发出来！经堂的门与展览室是相对的，展览室的门似乎比经堂高出两个台阶。经堂里陈列着全套大藏经、诸佛菩萨以及绿度母。经堂右手边有一个长方形的小炕。经堂里的贡品也有珍奇宝物白海螺等，八大吉祥，还有一尊尼泊尔请过来的镀金的舍利塔。佛堂地上铺这漂亮的藏毯，进门靠窗的一溜，放置了小小的书桌，诵经时使用。院子的右手边仍然是原木楼梯，上得楼梯进门，是藏文书写的唐卡画室的规矩。掀起藏式门帘，进了第二层门，就是画师们绘制唐卡的工作室。画师们无论男女僧俗，都眼观鼻，鼻观口，口观心地专注作画。画室一进门右手边，设了香案，供奉的7个水碗，墙壁上悬挂的是密宗三本尊的唐卡画像。香案下面的手工柜子里面，放着画师们各个不同品牌的手机。按照唐卡中心工作室的严格规定，作画期间是不得接听，看手机的。现在在唐卡中心执教的是来自卓尼的帅小伙，才让。年龄不大，却是这里最出色的唐卡教师。现在，负责全面管理唐卡中心。江山备有才人出，唐卡中心培育的优秀画师，已经一批又一批地离开唐卡中心的院子，到藏区各地发展自己的工作室。远在玛曲的僧人弟子胡子三木单，也在黄河第一弯那里的家乡开设了唐卡学习中心。他在临别的时候，为希热布老师画了一幅正在绘画唐卡的希热布老师背影肖像，也是惟妙惟肖的一幅佳作。假如我们在拉卜楞街头转悠，就会发现许多的私人唐卡工作室，而那里的唐卡主人，百分之九十都是希热布老师的弟子。希热布老师自己培养的唐卡绘画人才，就像他的那幅传世佳作《滴水观音》一样，一滴甘露水，滋润万物生！

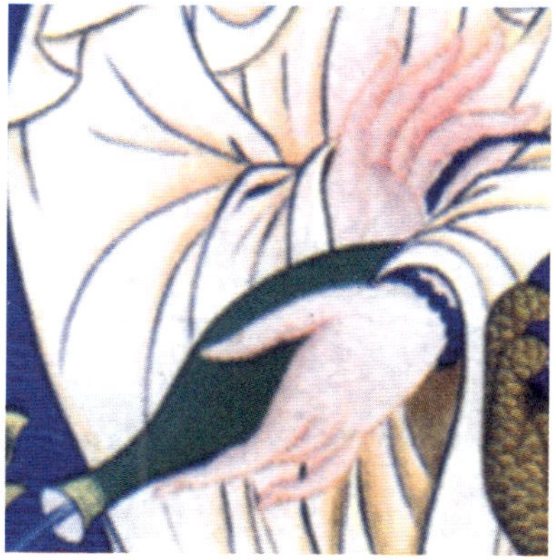

希热布唐卡作品：《滴水观音》

希热布唐卡作品：《彩唐——注茶半托迦尊者》

卷十六 JUAN SHI LIU

聪明的人爱学所有的知识，精通一门就知晓天下事；成就智者之路充满艰辛，贪图安乐者成不了智者。

为了烘托院子的里的原木建筑，需要种植一些柏树。酷爱柏树的希热布亲自到附近的熊猫沟村的原始森林购买树苗。在那里的林场，遇到了一个可爱的小男孩，他挺着胖乎乎的小肚子，顶着一头黑色卷发，一张藏族人特征十足的漂亮的小巴掌脸上挂着两行鼻涕。贡宝昂杰跟在爸爸身后好奇地看着眼前这位笑呵呵的年轻僧人。贡宝昂杰的爸爸热情地帮助希热布到森林里挑选柏树，两个人高高兴兴地把柏树运到拉卜楞，顺便约定把自己的儿子交给希热布，到唐卡中心跟他画画。年仅10岁的贡宝昂杰，顶着一头浓密的黑卷发，弯弯的长睫毛下乌溜溜的大眼睛闪烁着紧张而又顽皮的神情。被爸爸送到唐卡中心，无论走到哪里，他都紧紧跟随在希热布身旁，一直到现在，也没有离开。并且，长成帅小伙儿的他，在得到希热布大师口传面授的培养绘画技巧之后，现在负责把关唐卡学员们的上色用料工作。要知道，这个较真功夫的工作，没有十几年的绘画功底是无法做到的。

希热布背着他的黄布袋子，里头装着他的经书和画笔还有宝贝唐卡。游走在藏地，走到了玛曲，结缘了一位需要绘制唐卡的阿爸，他无比欣赏希热布的手绘唐卡。让自己正在玛曲寺院学习

的儿子，19岁的阿克三木单，到拉卜楞找25岁的希热布为徒。希热布受到青海热贡寺院的邀请，带着三木单到热贡年都乎寺院，为寺院画唐卡。并在那里结识了热贡的僧人久美尖木措。

阿克久美尖木措与弟弟达拉，原本已经在热贡学习了唐卡，与希热布相识以后，互相切磋技艺。没过多久，他们几个人一起跟随希热布翻过山梁，来到唐卡中心，一边学习希热布的绘画技巧，一边帮助希热布管理学员，教授绘画。灵性的指引下，急需求得学习绘画唐卡之道的弟子们陆续来到。在木器上做彩绘的匠人高夏那，桑科草原上羞涩的阿布；一条腿永久麻痹的阿尼丹增华母好看的双眉总是微微轻颦，只有在绘画的时候才怡然自得，被爷爷奶奶抚养长大的完玛贡宝笑呵呵的小脸上，仿佛没有烦恼。他的嘴巴里总是哼唱着忧伤的歌曲。四川若尔盖的爱做梦的尖参，特别在意自己漂亮的头发。当周草原送过来的丹正贡保过长的睫毛遮住了半张脸，绘画的样子好像一直都睡不醒的模样……远在广州、北京、上海、南京以及国外留学生团体等世界各地的唐卡爱好者，也在因缘和合之下，千里万里，来到夏河唐卡中心学习观摩。他们少则逗留学习一两个月，多则甚至一两年，把心安住在唐卡艺术上面，往往都乐而忘返，不舍得轻易离开。

希热布唐卡作品：《彩唐——伐那婆斯尊者》

卷十七 JUAN SHI QI

尽管在某一方造诣高深，也不可能精通所有事；尽管是非常敏锐的眼睛，也不可捕取美妙的音乐。

自唐卡中心的建设落成后，桑丹跟随上师到内地去传经布道，内地的信徒也因为信仰的力量，陆陆续续来到夏河。这些不远千里万里的朝圣者，都跟希热布兄弟结下了不解之缘。大家在相互了解、相互交流的岁月里，发生了许多令人啼笑皆非的故事……

希热布结识的一位女居士家住在南京，家境殷实。当她得知希热布正在建设唐卡中心，她与她的丈夫发心赞助。两口子不远万里，开着一辆崭新的绿色奥拓车，大大方方地送给唐卡中心做礼物。小小的嫩绿色奥拓车极大地点燃了唐卡中心一群年轻人的热情。跟随希热布从四川过来的萨加派小僧侣扎西彭措和甘加草原来的格鲁派小僧侣小希热布，管理餐饮的阿克青培，都把奥拓车当作自己最热爱的玩具。只要一有机会，就要对它熟悉一番。从远方来的客当中有会开车的司机，在大家的期待下，自告奋勇地主动当起了师傅，教大家伙儿开车。年轻的希热布也十分好学，没有几天时间，就可以上路。所幸在那些年里，山谷深处的夏河尚未被世界所关注。拉卜楞街头，行人都没有几个。也好在夏河唯一的一条主街道上，只有白象广场前面的路口有一盏红绿灯。那些年，由于交通闭塞，有车子的和会开车的没有几个人。所以车子开得再快，也很少会遇到交通警察管制。

格桑花开了，崭新的唐卡中心来了两位客人。南京大学一位年青的胖教授和他的男助理。助理是个瘦高个儿。他们俩两个人一高一矮，一胖一瘦，胖子叫“胡喇嘛”，瘦子叫“小朱”。他们俩不远万里来到夏河，还要带着他们心爱的狗狗。胡喇嘛带来了一串佛珠和一件法器。年轻的阿克希热布亲自出马，穿着袈裟，严肃认真地坐在驾驶位置上，胖教授和他的瘦助理坐在后座上。他们一同出发前往邻村。车子驶过夏河的街道，一路都畅通无阻。可是，开到白象广场红绿灯那里的时候，突然出现一名交警，他骑着摩托车，站在红绿灯下面，看到嫩绿色的小奥拓车子里面穿着大红袈裟的希热布，连忙敬礼，打手势示意他把车子停下来出示证件。这个举动吓坏了没有驾驶证的希热布，他紧张但是故作镇定地笑着说：“我们都是夏河人，我也没有带这些证件。你认得我吧，我是唐卡中心的希热布，我现在还要赶紧去办点事情。”交通警察是一位年轻人，他面无表情地开了一张罚单，一言不发地递给希热布。

希热布见势不妙，以为警察同志要扣他的车，连忙一脚踏在油门上，车子“呼”地一下子蹿出去好远，像逃跑一样从警察身边蹿了过去，歪歪扭扭地开上了国道。那位交警被吓了一跳，他连忙向后一跳，本能地抓起胸前的警笛，拼命地吹了起来。见希热布的车子不但不回头，反而歪歪扭扭地驶上了国道，年轻的交警赶紧骑上摩托，拉响警报追了过云。见此情景，一条街的人们都愣在原地，眉毛跳上额头，嘴巴张成鸭蛋那么大“哦——”的声音传送在街上。

警笛鸣响的摩托车沿着国道紧追不舍，越追越近对前面夺路而逃的绿色小奥拓。刚刚学会开车不久的希热布尽量把车子开得飞快，然而，交警的摩托在后面飞快地追了上来，速度像要飞起来一样。长鸣的警报声引来山间田野里无数人引颈观望。车子后排坐着的“胡喇嘛”和小朱，哪里见过这种阵势，吓得脸色乌黑，瞠目结舌。车子遇到了峡谷大转弯，摩托车从后面轻松超越了惊恐的小奥拓。横刀立马一般将摩托车横在前面，挡住了去路。

身着袈裟的希热布扭头看了看后排脸色发绿的两个朋友，因为紧张而涨红了脸，他慢慢地下了车，走到交警面前情不自禁地大声嚷嚷起来：“你干吗呢？我们都是夏河人，我又不会跑掉。你这样追我干吗呢？我又没有偷东西，你看他们是远方来的客人，你这样都吓坏了他们。按道理，我们应该是好朋友，外地的朋友来了，你不应该这样追。你如果实在不相信我，我现在给我的朋友打电话证明一下吧。”年轻的交警听完他的牢骚，站在原地看了看激动得叽里呱啦的希热布，又看了看车子里两张绿得发黑的脸，没有再言语，他无奈地摇了摇头，骑上摩托车回原路回去了。第二天，希热布上街，仍然在唯一的红绿灯那里停下，他看到那个警察和其他几个人站在那里，他们也看到了希热布，于是警察他们在马路那边指着希热布互相说着说着，看着看着几个人都笑成一团，希热布也情不自禁地笑了起来。小小奥拓成了夏河的焦点，拥有这辆小车子的主人希热布，也被当地人戏称为“阿克老板”。

20分钟速写天马行空

希热布书法作品

希热布唐卡作品：《彩唐——薄拘罗尊者》

卷十八 JUAN SHI BA

追随博学多闻的大师，和结伴平凡者能放心；正如灌满水的容器和，没水的容器都易挪动。

耳朵，耳道，鼓膜，神经……脑壳空回荡着谷里的回音一般，我不得不轻言细语，如果自己大声说话，就会震动耳朵里那块空谷回音，隆……原来是高原反应。

长久以来想要的安静，终于在此刻回归。连日来的奔波劳碌，严重缺乏睡眠的我的胸膛和喉咙快要喷出火焰。我们跟随希热布大师到甘肃省文化厅申报非物质文化遗产的保护项目之后在返回夏河的路上，从傍晚时分开始降雨，一直到晚上八点多。当车子就要到到达夏河的夜晚，山体发生了滑坡。夏河县，唯一通往夏河县城的一座桥被泥石流覆盖了。黑色的泥浆呈井喷的状态，覆盖住将要通行的桥体，桥的两端。抵达这里的车辆排起了长长的队伍。希热布老师很焦急，他说必须尽快过去，有重要的客人在等着他。他给扎西彭措打了电话，帅气逼人的扎西与东珠诺日开着另外一辆车子迅速抵达现场，他们俩从桥的另一端停下，在断桥边上看清楚我们所在的位置，扎西徒步踏过泥浆，来到我们的身边。希热布在这泥浆覆没脚面的情况下，决定走过去。高大帅气的扎西，从对面三步两步跳到希热布老师面前。不由分说，一弯腰背起希热布从公路的旁边走到对面。扎西回头一双笑眼闪闪地对我交代说：“这里等一下，我背你过去哦。”哦，天哪，不需要吧。那实在是太尴尬的情形了。我赶紧也挽起裤腿，跟在他身后。希热布老师在扎西背上看到我走在泥浆里，连连说让我等一下，让扎西背着我过去，我一再地摇摆双手，笑着拒绝了。路面的泥浆淹没了脚踝，夜黑什么也看不清楚。跟在扎西身后，绕过桥面，从山坡的一侧跨越公路栏杆，到达了对岸。希热布老师非常高兴，他接过扎西手里的车子钥匙，我们就上路回到夏河县城里，一路上在下大雨，不断有小青蛙横着蹦跳过路面，希热布老师不停地看窗外的公路地面。小心翼翼地绕开正在过马路的青蛙。这相似的情景，让我猛然记起那一年汶川地震之前，我开着车子，引领着哥哥带领的摄影车队，开车从天水返回兰州的高速上。记得那一年的雨夜，大雨滂沱，数不清的青蛙，密集地穿越路面，它们急急忙忙，不顾一切地穿行在大雨滂沱的高速路面。由于高速路上青蛙数量太多，又是瓢泼大雨，雨刮器都来不及看清楚路况，只能看见身边飞驰而过的汽车车身掀起的巨大水浪。无数青蛙被车辆碾过，白色的尸体横陈路面。数不清的车辆碾过青蛙时爆发“嘣嘣”的声响，犹在耳际。看到希热布老师的那份小心翼翼，我不禁深深自责自己的鲁莽，内心对那一年那一夜的那些无辜的青蛙，升起无比深厚的悔意。一直到后来出现了7级地震，地震摇晃了楼房，我才明白那些匆忙赶路的青蛙，原来是在夺路而逃。唉，愚蠢的人类啊！无明的自己啊，为什么不让我早点遇到佛法。现在，在这个大雨滂沱的夜晚，请允许我至诚的忏悔……

青旅的老板贡宝是藏族男人里头少有的人种，他身材瘦弱得让人担忧，黝黑的长条脸上一双黑亮黑亮的双眸。他的漂亮妻子万马措热情地接待了我们。在那个热热的火炉边，我一边烤着洗刷干净的凉鞋，一边翻着巴尔扎克的《夜话》。耳朵里面仍然处在空谷回音的状态。

唐卡中心的同学过来喊我，到希热布老师的“总统套房”去喝茶，我听命前往。只见希热布老师的弟弟贡却桑丹正在和一个小个子的南方女子围坐在茶座旁边倾心交谈。南方女子短发，高颧骨单眼皮，面色晦暗，脸上却是挂着目无旁人的冷漠。对于我的到来，没有任何的反应，冷漠的神情仿佛女王坐在那里。希热布对她介绍说，这是我的学生兼助理。南方女子转过头来，嘴角

希热布唐卡作品：《莲花生大士》

勉强扯过一丝冰冷的微笑，就把眼神继续对准贡却桑丹，继续热情地寒暄起来。希热布大师为他自己要了一碗面，并为我要了一壶奶茶。奶茶的味道香浓，我很想痛快地喝到饱。听了他们之间的对话，原来女人的哥哥是北京一位非常有名气的律师，不知道什么原因，现在竟然患了严重的精神病，在北京、上海等知名医院去治疗都没有办法治愈，只好前来拉卜楞求助。真是可怜的人啊，这样的境遇真是令人同情不已。稍坐了片刻，我起身告辞回到青旅的大厅，在火炉旁继续烘烤我的被泥浆泡过又冲洗干净的漂亮凉鞋。

所谓的“总统套房”，是给游客准备的家庭房。两扇雕花木门里面，一进门是正厅，原木装饰，原木本色涂刷了清漆，明亮宽敞气派。进右手里面的房门，进门右手设一茶桌，宾主围坐，有功夫茶具，有奶茶茶具。一应俱全。进门左手设有开放式厨房和原木餐桌，开放式厨房，厨房的背后是卫浴间，宽大的卫浴间里头立式按摩浴缸，大理石洗手台面。卫浴间门上挂着藏式门帘。门帘的正对面是一个传统藏式锅台，锅台的上面用木板作隔断，隔断后面是炕，炕上铺拉舍尔毛毯等现代寝具。正对着炕

的位置，是镶嵌在洗手间外墙壁上面的液晶电视和它下面的电视柜。坐在炕上，就可以看电视。房间很大，却没有取暖的设备，锅灶没有生火，所以很冷。希热布老师习惯把重要的客人安排在这里喝茶，作为隆重的接待仪式。

夏夜里的国际青旅大厅，总是人声鼎沸。千里万里赶来的自五湖四海的兄弟姐妹们，在大夏河边上的清风抚慰下，总是兴奋地急于相互分享旅途的快乐。我起身离开那温暖的火炉，极度疲倦的身体需要休息。我住在一楼，这香氛的原木楼板却并不那么隔音。楼上远途而来旅行的女人们，大声地聒噪。她们似乎是久违的老友，互相交流着男人如何管教的问题，孩子上学的近况，以及对自己的剖析……又冷又乏的我躺在下铺洁白的被窝里，感觉自己就犹如一叶小舟，在这些言语中飘摇躲闪。因为声音震荡在可怜的耳朵里面，空谷回音一般，形成巨响。

希热布唐卡作品：《彩唐——金象尊者》

卷十九 JUAN SHI JIU

放飞心灵的翅膀，向着光明飞翔；菩提花微笑的瞬间，我是涅槃的凤凰。

这是国际青年旅舍，位于甘肃甘南藏区拉卜楞大夏河旁边。我，一个都市里心灵流浪的游子，此刻正守在这个炉火正旺的火炉旁边，身心仿佛回到了童年时代，曾温暖着我心灵的家园。美丽的邂逅，因为一颗驿动的心，而变成一次追随美好的旅途。笔迹，是我唯一的语言。昨天，我独立绘制的唐卡终于开始上了颜色，每一笔、每一处都经过胡子三木单老师的精心指正；糌粑粉撒在画布上，软布轻轻揉擦过，喜金刚佛洁净的身躯，就在铅华洗尽当中显现出来。年轻的才让老师为我的画布找来了木框，亲自踩着缝纫机将多余的边角踏平。拉卜楞的阳光下，胡子三木单老师穿着红色的袈裟，手里拿着一根硕大的钢针，针孔对着阳光穿过白色的棒线，将画布固定在方木框上面。三木单老师的脸颊上，因为嘴巴不停地在笑，嘴角的两撇黑亮的胡须被他捻细向上翘着不断地颤动。

整个下午，我都在沐浴在唐卡中心的暖阳里，满怀喜悦与激动，小心翼翼地在画布上，用毛笔点染天然矿物质染料。蓝色和绿色调和成藏蓝，淡淡地点染上去，再铺陈开来，有点灰，有点蓝。画面留白的地方，格外生动。底色还没有完成，一天的时间就已经过去了。在这个巴掌大的空间里，时间的流逝似乎比流沙

还要快。大家都已经笑着陆续离开，我却依然恋恋不舍，期盼着明天快快到来。

阳光依旧灿烂，风，从河面上飘过来，翕动五彩经幡。河水也相映生辉，这里的夕阳依旧能够令这里的世界明亮。唐卡中心的大门外，胡子三木单老师红色的袈裟蹲在大夏河边上绿绿的草地上，专心地在玩手机。那样子，让我联想起山谷里闭关修行的隐士们。而在这里的笔尖上的修行者，心被关闭了，而身在红尘中……

今天，终于成功地掌握了卷云的上色方法。同时深深地领悟到，当为梦想而选择坚持的时候，是需要坚定的勇气的。卷云看上去很舒展，如同被风吹开后的荡漾。希热布老师强调，上色需要的原料越少越容易，由浅入深的方法是好颜色的关键。在这一刻。我感悟到绘画上颜色的过程，是与人交往那么相似。君子之交淡如水。人生短暂，真正的友谊和珍贵的情感，如同涓涓细流汇入东海，最后，就会自动出现波澜奔腾的壮观。我的内心世界，多了这么多单纯的快乐，幸福感与日俱增。感恩希热布老师，以他过人的智慧，慧眼观世界。给予了这个平凡世界里，追求绮丽梦想的我们，提供了一个美轮美奂的意境。

贡唐宝塔，在拉卜楞的朝阳下金碧辉煌。虔诚的驱使，我转动了塔下所有的古拉。沿着楼梯拾阶而上。抬头看见，佛陀在微笑，笑容里有无限慈爱。他仿佛在心疼，无明的我在红尘中流浪。他清澈的眼眸，仿佛看清楚我今生往世所有的伤痛。有一本书中曾下断言，“人性是软弱的，每个人或多或少都曾经把一些东西寄托在某个人身上，对你而言，那人是理想的化身。”我想，自从懂事时开始，你是我唯一的理想化身。我的佛陀，你住在我心的庙宇，使我无法爱上这个俗世。可是生而为人，又生为女身，这一世的苦楚，真的让人欲哭无泪啊！我以为，用悲悯的心情去对待瞬间升起的烦恼，或许可以化解所谓的因缘纠葛。结果，我错了，在这个混沌世界，以身试法，虽于种种善因起念，皆因此而自食其恶果。红尘之苦啊，苦不堪言。

因此全身心叩拜，唯有您能够令众生解脱，唯有您的字字珠玑，才能令我消除对生命的怀疑，认同真实的自己。

一时间两行热泪，在冷风中滚滚而下。我的佛陀，感恩您今生深情的呼唤，原谅我这么晚，才来到您的身边。尊贵的佛陀，请允许我在您的脚下忏悔，无知者无畏，我差点就错过了，今世最好的梵行！伟大的尊者，请准许我把心安放在您这里，日日夜夜，不休不停！

希热布唐卡作品：《彩唐——那迦希尊者》

卷二十 JUAN ER SHI

弯曲的树木果实累累，文静的孔雀尾屏优美；温顺的骏马鹏程万里，谦虚的智者富有智慧。

“世界藏学府”中国拉卜楞，它坐落在看起来温柔曲线的大山谷底。大山的山梁两边，一端是世界藏学府——拉卜楞寺院，寺院旁边有希热布大师亲手创建的唐卡艺术中心，它的缔造成了“驴友”们快乐的精神家园。沿着蜿蜒曲折的山路前行，途经过绿意绵延的原生态甘加草原，草原上矗立的柏褐色岩石围绕成的天然屏障，是空性汇聚胜乐金刚圣地白石崖。一路上还可以看到那座古老得只剩下满目沧桑的八角古城。翻过积石山山梁，就到达了青海境内。沿着仍旧蜿蜒起伏的山势下去，途经平安镇就进入闻名的唐卡之乡，青海省热贡同仁县。山而建的隆务大寺院。隆务寺的主持夏日仓活佛，地位虽高，却是拉卜楞寺地区赛仓活佛的谦卑弟子。一座山隔开了空间的距离，却让师生的情谊更加浓厚。两位活佛的师生情谊增进了甘肃青海两地宗教与文化艺术的交融。距离隆务大寺不远的上、下吾屯村，更是家家户户以画唐卡为生的唐卡之乡。

那里有色彩绚丽庄严的吾屯下寺寺院，在吾屯村相隔一条马路距离的年都乎村，有一座传奇的院落。实木雕花的门楼上面悬挂着两块金字牌匾。一块匾上面写着“三世嘉木央活佛诞生地”（甘南拉卜楞寺寺主），另一块写着“六世夏日仓活佛诞生地”（青海热贡隆务寺寺主）。站在门口迎接我们的这位87岁的老画家，久美尼玛大师，是希热布·嘉措的老师，也就是我们这些个年轻唐卡画师的祖师爷了。他诞生在这个充满了神秘色彩的土司家族，作为热贡地区赫赫有名的唐卡大师，久美尼玛像极了七彩虹光，环绕在两个活佛诞生的家族里。在这个实木雕花的前后院落内，矗立着几棵参天果树，上面累累的硕果，默默地诉说着这个曾经的土司家族曾经的几度荣耀。伴随在尼玛大师旁边的希热布大师，仿佛像一个回家了的小孩，跟在老师身边，热络地聊着家常。这师徒二人曾经在吉尼斯彩绘大观里收录的600米唐卡绘画上各显身手。600米彩绘大观的唐卡颜色染料，都是经过久美尼玛大师严格把关；当时年青清瘦的僧人的希热布·嘉措，创作所绘制的十世班禅大师唐卡像被给予最佳创作奖。1999年，被收录在世界吉尼斯彩绘大观。现在这幅唐卡长卷被珍藏在青海藏医学博物馆内常年展览，引导人们对藏族历史最美好回顾。久美尼玛老人深邃的目光，高挺的鼻梁，慈爱的眼神透过老花眼镜，热切地关注着我们这些来客。他欣慰地看着希热布大师，对我们大家用

汉语赞叹道："希热布的画，近看也好看，远看也好看，怎么看都有立体感。"看着两位大师用藏语快乐地交流着，时不时发出爽朗的大笑，我们都被感染了，给老师最好的礼物，就是荣耀啊。

幸福的含义是这么的简单。老人特意让儿子准备了水煮羊肉，自家做的馍馍。在他家崭新的藏式客厅里，方方正正的藏式炕上，我们享用了全部的美味。用饭完毕，老人又兴奋地带领着我们去他家后院李子树下，摇晃树干。成熟的李子纷纷落下，翠玉般碧绿，一元钱钢镚儿大小，酸甜可口。啊呵，我们可爱的唐卡祖师爷。我的脑海里，突然闪现出希热布老师手绘的那幅释迦牟尼在菩提树下成佛悟道的唐卡，这一刻，我恍若进入了佛陀的世界，那里曾经是那么的熟悉，那么圣洁干净，就如同此时此刻的幸福一般。

希热布唐卡作品：《彩唐——天宝财神》

希热布唐卡作品：《彩唐——跋陀罗尊者》

卷二十一 JUAN ER SHI YI

圣者虽不爱炫耀学问，他的美名却到处颂扬；豆蔻花虽被严密裹藏，它的芳香却飘溢四方。

希热布大师将已经建设好的唐卡中心，交给了自己的爱徒们留守工作学习。希热布自己身着袈裟，如云一般轻盈，如风一般急速，忙忙碌碌地穿梭在一个又一个城市，带着唐卡中心的作品，手捧转经筒，如同神话里的高僧一般诗意地出现在信仰者面前，展示他的得意之作。以唐卡观想这样的方式，引领忙于世间忙碌的人们，找寻自己的心灵的家园。像这样，忙忙碌碌地在内地的都市里奔走，并非是一个期待修行的僧侣真正的意愿。但是，为了能够让每一位前来学习的人，都能够花最少的费用将梦想实现到底，希热布牺牲了自己宝贵的学习和禅修的时间，背着唐卡画卷，不辞劳苦地游走在各个城市之间。凡是他红色袈裟飘过的地方，人们的心境无不被精美的唐卡佛像所征服。纷纷对佛法产生了浓厚的兴趣，对温良恭谨的希热布大师升起极大的恭敬心和崇拜之情。在饱受西方文明熏染身心的中华大地上，有无数的普通人，原本对佛学不了解，也不感兴趣，但他们现在通过游僧一般的唐卡大师希热布，见到唐卡精美绝伦的佛像，对唐卡的内容产生了浓厚的兴趣。从不了解到了解认知到真实的自己，解决了生活当中诸多难以解决的问题，变成了积极精进的佛陀弟

子。他们感恩希热布大师每一次的遇见，并且打心底里尊敬他为自己的上师。而人们看风尘仆仆的希热布大师无论走到哪里，都带着自己的笔墨，转经轮和《真实名经》，书写六字真言，免费送给有缘人，在更多陌生人的心里洒下佛法的甘露。休息的时间就是念经坐禅的时间，更是念诵经文最佳的时间。每当希热布回到自己的唐卡中心，总是最先检查学生们的学业情况，开会，考试，带领大家创作。并且，他邀请藏地寺院里的知名学者到唐卡中心讲授藏文化历史，同时传授人文、佛学知识。现在的唐卡中心，每年有两个季度的唐卡技能比赛，佛学知识比赛，还有诗歌比赛；并设立有三种不同的奖励制度。现金奖励，极大提高了唐卡学员的积极性。对于优秀的佼佼者，可以升为助教，或者晋升为负责管理唐卡中心的人员。受聘为唐卡指导授教者，工资颇高。希热布将自己的收入，全部用来营造了唐卡中心的大环境。他就像领头飞翔的大雁，用自己的毕生精力与智慧，引领着画师们在追寻唐卡美梦成真的路上坚定前行。

希热布唐卡作品：《彩唐——阿秘特尊者》

卷二十二

JUAN ER SHI ER

拉卜楞的宫殿啊，蕴藏着佛法的甘露；藏区最帅的才子啊，都在画家的院子里。

时间在唐卡中心，仿佛是飞毛腿比赛。昨夜睡得迟，但是睡意深浓，我还没有赖够青旅暖烘烘的地炕，窗前的鸟儿就已经来迫不及待地催促了。两只或者三只，无数婉转的啼鸣就在窗边唱起。意识越来越清醒，身体消失了倦怠，苏醒过来。

唐卡中心的早饭，几乎与寺院的僧侣生活相同。天不亮就起床的画师们，各自在院子里的水龙头下接水，蹲在院子的草地上安安静静地简单洗漱以后，进入餐厅。全体画师席地而坐，盘腿围坐在餐厅火炉旁边的地毯上，等待其他成员的陆续到齐。每个人面前的彩绘小茶几上，都有属于自己的那碗酥油茶。酥油茶浓香滚烫，盘子里高高地叠满拉卜楞特色的花卷或者大面包。在正式就餐之前，需要有一位画师，摇动高高的转经筒领唱经文。经文念诵圆满以后，大家才可以用饭。在藏区，尤其是牧区家庭，这样的早课，是家家户户都必须完成的。吃饭的时候，大家都很安静，抬眼看看对方，对方也笑颜盈盈地回敬注目礼。没有过多的言语，这些画师们，一举一动，无不体现出藏族人特有的文化传统教养。

画师们来自整个藏区各地，长期受这个艺术氛围的熏染，

男孩子们的审美观都变得与众不同。穿衣打扮，展现出自己独特的个性。在绘画工作室里，所有的人都席地而坐，双腿盘曲，安坐在坐垫上面，无论年纪大小，都是眼观鼻、鼻观口、口观心的模样在画着自己心中的那尊神。两个出家的阿尼，披着红色的袈裟，安静地坐在自己的座位上，出尘出世的样子，好一幅美好恬静的佛子形象。她们与大家一样心无旁骛的绘画。只是，比所有的人都更加安静。偶尔前来学习的女孩子，都是非常稀罕的。因为在藏区，女孩子们很少会有机会选择学习，更不要说绘制唐卡这门独特的技艺了。所有的画师的手机都放在一进门的佛龛下面，调节成静音状态。下课的时间到了，男孩子们轻声笑语地一涌而出，拿起自己的手机，哼着动人的歌谣，青春的活跃和特有的快乐，使得他们像一颗颗彩色的珍珠一样，散落在唐卡中心的草坪上。

这些未来的画家男孩子们，整天凑在一起相互拍照，一起打篮球追逐跳跃，相互切磋斯诺克，一起聊八卦，互相打趣。还要貌似认真地打扑克，输了的人脸上贴满纸条……甚至晚上休息的时候，也不忘记排列成行，赤裸着上半身，一起秀肌肉，集体摆

poss在朋友圈发布。他们自己骄傲地说："藏区最帅的小伙子，都在唐卡中心"……哎哎，真的是超级自恋。

不过千真万确，英俊逼人的扎西彭措，一米八三的个头，长着一张完美的明星巴掌脸，立体的五官，时尚简约的打扮，无论从哪个角度看上去，都好看得无可挑剔，走到哪里都是独一无二的风景。跟随在希热布老师身边的他，曾经一路上顺手就帮助了许多人。他几乎是拉卜楞唐卡中心公认的藏族最帅的小伙儿。

比肩而立的才让，额前柔顺的黑发总是被风掀起，一双丹凤眼淡定地看着远方，颀长挺拔的身材穿什么衣服都好看。眼眸清秀如水，个性沉稳如山。他也是唐卡中心这里的篮球明星，跳跃扣篮的瞬间，成为小伙伴们津津乐道的美好瞬间。眼波流转，不怒自威，但偏偏是一张长不大的娃娃脸，从来不说伤害他人的话，是一位谦虚的智者，有责任心的他现在是唐卡中心的希热布老师最最信任的"大管家"。

曾经胖乎乎的小贡宝昂杰如今早已长成虎背熊腰的壮小伙儿，一头黝黑浓密的卷发，纤长绵密的卷睫毛下一双会笑会说话的眼睛，俊秀的巴掌脸儿，一米八的个头，帅气难挡。鹤立人群的他无论在哪里，人群当中一眼便可寻见。

昂青的个头没有那么高，可能是智慧压住了身高的缘故，书卷气十足的他内心传统而保守，但是穿衣却喜欢嬉皮士的冷酷装扮，不喜欢与人交谈。擅长诗歌创作，身处感动的场景，往往一首小诗就信手拈来。无论立足于何处你若见到他，身上总有一抹灵秀动人。

丹正贡保，似乎在大家都没还留意的时候，一下子就蹿到与师兄们一样的高度，原来的娃娃脸上一脸稚气，现在看起来还是一脸无辜的模样。过长的卷睫毛向下低垂着，遮住半个眼眸，佛菩萨一样的嘴唇总是不经意地翘向两边。整个人看上去温柔有度的懒散。他的速写惟妙惟肖，立体的画面在唐卡中心得到了首屈一指的赞。过去的毛头小伙如今长成了众人赞美的优雅绅士。是希热布大师尤其为喜爱的得意门生。

爱笑的阿布总是顶着一头比姑娘还要黑的卷发，那张比姑娘还要白净的脸总是被他用厚实的长围巾捂住，无论何时见面，总能看见他笑的弯弯的一双眼；人多的时候，如果有人大声喊他的名字，他会害羞得马上抓起围巾，蒙住半张脸转过身去，吃吃地笑，令人羡慕的是，一双巧手可以做成任何你想象的手工艺术品……

温馨快乐的唐卡中心里总是有动人的歌声缭绕，那是爱唱歌的完玛贡保带给大家的听觉享受。曾经的他是唐卡中心一只纤弱瘦小的羔羊，现在已经成蜕变成为高大英俊又洋气十足的藏族明星范，一头卷发总是梳理得干净整齐又洒脱自然。从远处走过来，青春的气息扑面而来。

来自四川阿坝的尖参，无论春夏秋冬见到他，总是那么优雅从容。他在绘制唐卡的时候，右手的食指总是带着四方大戒指，胸前精美的饰品，身着华美藏袍，安安稳稳地坐在那里气定神闲。干净有型的头发总是散发着光亮。轻蘸天然染料，毛笔尖在他修长的手指尖轻轻拿捏，细致地点染画面，看他绘画的模样，就像是一位真正的贵族正在享受的模样，好不悠然自得啊。

男孩子们来自藏区各地，相聚在这个古色古香的藏家大院里，孜孜不倦地学习传承希热布大师独特的绘制唐卡的技能。戴着眼镜正在创作的希热布大师笑眯眯地手拿画笔，半开玩笑地带着骄傲地说："藏区最最帅气的小伙子，都在我的院子里喽。"

对于进入唐卡中心学习的学员来说，机遇和挑战并存，新来的学员在没有基础的情况下，必须从素描开始学起，同时学习佛教知识。画师们从绘画基础的掌握到成熟，大概需要3到5年的时间。想成为一名优秀的画师，则需要更加长时间的磨炼。对于杰出的画师，有机会得到晋升。评定晋升的方法是通过考试。得到晋升的表象是绘画作品的创作，实际是作画者心灵与意境的真实展现。天南海北的莘莘学子，大部分都是牧民家庭或者农民家庭，来自大山的各个角落。按照传统的拜师方式，他们在家人的陪伴下，手捧哈达与酥油，进入唐卡中心拜师学艺。大部分的学

子，都因为能够进入唐卡中心学习而感到骄傲和庆幸，因为这将意味着，以后他们的人生命运将彻底改写。他们不再碌碌无为盲目劳作，而是每天在唐卡绘画当中与神明密语。他们是现实版的丑小鸭，即将蜕变成美丽优雅的白天鹅，成为受人尊敬的唐卡画师拉日巴。

唐卡画师，按照佛教的基本意义，就是一个用自己的全部身心都在修行的行者。雪域阳光下的拉卜楞，唐卡中心的画师们每一天都在唐卡佛像的观想创作当中，感受内心升起的无限的欢喜。因为，能够把自己的思想意识融入神明的形象创作当中，是明明白白而又无可取代快乐的过程啊……

2014年秋天，凉风飒爽。在希热布大师的安排下，唐卡中心租了两辆旅游大巴，载着全体画师前往青海热贡，去学习观摩同行画师们的技艺。在青海同仁县热贡地区，首席画家扎西尖措大师的龙树画院里，画家们观摩了满唐派作品展厅，并与龙树画院的画家们做了全面而又友好的藏文化绘画艺术交流。对于前辈唐卡艺术大师扎西尖措与曲智两位共同努力下，所创作出的辉煌的殿堂和杰出艺术人生成就赞叹不已。免唐的清秀脱俗和满唐的艳丽恢宏，在画家们的智慧里，演变成为两个无可争议的画派风格。两辆大巴载着唐卡艺术中的艺术家们，离开热贡，前往敦煌去观摩世界的艺术殿堂——莫高窟。莫高窟的秋季一如盛夏时分，酷热的天气让来自藏区的小伙子们汗流浃背。他们顶着高温天气，认真仔细地逐一观摩了美轮美奂的莫高窟。莫高窟的精美壁画与世绝伦，让雪域高原来到的艺术家们大开眼界。他们从中发现唐卡艺术在这里得到了更加优美的演绎，创作题材和创作幅度都达到史前未有的高度。大家徜徉在这一个又一个如梦似幻的洞窟里，心灵随着洞窟内灵动的飞天而飞舞活泼起来。月牙泉的沙漠上细沙如床，泉边紫色的勿忘我连绵成畦，高大而又温柔的驼队缓缓地行走在起伏的沙丘曲线之上。一群光着膀子的英俊少年，赤裸着上半身骑在的驼峰中间，欢快地挥舞着手中的上衣，比赛一般大声地唱着嘹亮高亢地藏歌．引得周围无数游客驻足观望。当他们得知这些男孩子来自雪域高原，是平生第一次见到浩瀚如烟的沙漠时，大家不由得笑了起来。沙漠之舟宽大的驼掌走在沙丘的曲线上款款前行，把这一群晒得黑黝黝的英俊少年带到了新月一般的月牙泉边。

打小就生活在藏区的男孩子们，习惯了风景画一般的高山流云和苍莽的大草原，这一次远行学习莫高窟艺术交流，还是他们平生第一次见到沙漠，他们不害怕烈日炎炎，有的跑到滑沙的地方，兴奋地坐着滑板从沙丘上面一路尖叫着滑下去，有的干脆从泉水边的浴场扑腾个够。有的则在博物馆里用心解读敦煌特殊的文化渊源。唐卡中心精心安排的这一次远途跋涉的文化之旅，带给唐卡中心的艺术家们一场恢宏的心灵盛宴，每一个人都在这场旅行当中看到了唐卡艺术与之精彩的世界，与其中蕴藏的自己精彩的未来。

希热布唐卡作品：《彩唐——因竭陀尊者》

卷二十三 JUAN ER SHI SAN

温热的暖风轻轻拂面，洁白的哈达奉献给尊者；

醉人的熏香与甘甜的奶茶，荣耀弥漫在家族聚会。

认清生活是负累的人，是多么渴望宁静致远。证悟到人世是场梦幻之旅的人，是多么热衷于心灵的自由。离开草原有一段时间，希热布老师给我打来电话，要求我带上照相机，随他一同去参加一个重要的聚会。我赶紧准备好长枪短炮，装在行囊里，车子载着我的好奇心，一溜烟地飞到夏河。唐卡中心的院子里，希热布老师和他的两个弟弟，贡却桑丹与更登师父，已经神采奕奕地坐在他们崭新的别克商务车里。车子里，就缺少我这样一位娴熟的司机，满怀兴奋和莫名的喜悦，我们一路向着四川红原方向前进，一路上他们兄弟三人欢快地聊着聊着，语气充满快乐和幸福的甜蜜。我非常好奇是一场什么样的聚会，听起来让人充满期待。桑丹一路之上心情特别好，无论遇见什么都会兴致勃勃地说个不停，可是，当我向他询问起目的地时，他却又神神秘秘地忽闪着小扇子一般的睫毛，每当看到我疑惑的眼神，他就开心地摆着双手摇着头，强忍笑意，一副好像小孩子忍不住要告诉我的表情。藏区的蓝天下风和日丽，一路之上晴空万里。车快速驶出夏河，驶过合作当周草原，驶过闪闪烁烁的花湖尕海，行驶过温润如玉的黄河第一弯，于次日抵达四川红原地区的夏麦草原上。就有一辆丰田越野车子前来接引，我们的车子跟随那辆丰田牛头，经过一座挂着五彩经幡的桥，渐渐抵达了远处一座座木屋式的精美帐篷。车子驶入一片被树皮原木木板围成的大草原停车场上，停车场里已经停满了各种类型的车辆。我们刚刚停下，就有头戴牛皮毡帽，身穿白色衬衫，腰里系着藏袍的男子汉们手捧着白色哈达，弯腰等在旁边。在他们的身后，一位个子高高瘦瘦，古铜色皮肤的僧侣手捧着黄色哈达，目光殷切地望着车子里下来的客人。希热布兄弟们赶紧弯腰，双手合十表示感谢，对方把哈达一条一条地奉献过来，恭恭敬敬地挂在我们的脖子上，然后，带领我们一起走向草原上的原木帐篷式木屋。帐篷木屋的外面，广阔的草原上已经停满了车子。停车场周围是一望无际的绿意，连接到广阔的草原似乎绵延无限。簇拥在帐篷门口的藏族人都在相互敬献哈达，相互拥抱，握手寒暄。我们也被簇拥着走进木屋帐篷，木屋帐篷里已经座无虚席，席间大部分都是年长者和出家人。大家见到希热布兄弟们走进来，几乎全部都起身相迎，邀请我们入座。靠着帐篷内最外围的一圈，是藏式的靠背长条座椅，座椅上面铺着华丽的藏毯，上面绣着吉祥八宝的图案。座椅前面一溜是木雕花茶几，上面铺着条纹布和透明玻璃。茶几上，已经摆满了食物和饮料，每一个餐桌上都有煮好了的大块牛羊肉放在一个小盆子里，各种各样的水果和零食，糌粑和奶茶，饱腹解渴的饮食应有尽有。帐篷中间是一个半圆形的舞台，宾主落座之后，寒暄了片刻，客人们就陆陆续续地从外面回到帐篷里来，大家围着舞台中间落座，坐不下的就坐在茶几前面的地上，无论男女老幼，一起安静地坐了下来。有一位藏族的年轻小伙儿顶着藏式毡帽，身穿牛仔裤，棕色皮夹克外套，手持一个黑色的麦克风走上舞台中央，他用流利的藏语给在场的每一个人亲切的问候之后，就开始介绍准备上台演讲的嘉宾客人。嘉宾是一位大活佛，目前在青海果洛地区创办了自己的民办技术学校，为藏区的技能型人才培养做出了杰出的贡献。主持人把麦克风交到这位大活佛手里，帐篷里顿时响起来一阵热烈的掌声。大活佛的表情，略显羞涩，他谦卑地一再表示，自己所做的一切都是微不足道的。接着，他开始回顾自己的成长历史。周围的听众都屏息倾听，没有一个人溜出去，或者站起来走动。大家时不时以热烈的掌声送给正在演讲的人。这位活佛的演讲告一段落之后，又有另外一位嘉宾上台演讲，他也是一位出家人，来自青海果洛白玉寺的主持，他白净的面孔，温文尔雅，演讲的风度彬彬有礼，语音缓缓而又清楚动听。他也一样，用藏语讲述着自己的故事，讲佛陀教化众生的故事，听众席上的人们，无不引颈倾听，就在这样浓重的精彩故事里，一个下午很快就过。演讲结束后，一部分身着节日盛装的藏族妇与藏族汉子女纷纷离座走出去，不多时，一些负责接待的年轻后生们抬着两个大锅，走进来放在帐篷中央。妇女们弯下腰，给每个座椅面前的空碗盛满羊肉粉丝汤和酸汤面。

羊肉汤的味道，香甜的酥油味道，充斥了整个帐篷里，人们陆续离座到外面去换空气之后，纷纷回来享用属于自己的那份美味。在用餐期间，人们就开始就开始互动，一边与身边的人交流一边用餐。每个人都是那么从容优雅，根本没有人狼吞虎咽，更没有嘈杂喧闹，更像是一场友好的文化亲情的交流。坐在我身边的是一位长头发的大帅哥，他飘逸地长发垂至腰际，柔顺地伏在他健硕的后背上。他右手抓起一小撮糌粑放在面前干净的碗里，又用刀子切了一小块酥油放进去，又放进一小勺白砂糖。然后提起桌面上漂亮的鎏金水壶，倒进滚烫的开水。然后就开始用右手的食指开始在碗里搅拌。搅着搅着，融化的白糖把糌粑酥油和到一处成为一团，他把它拿起来在手里用力地握着。我因为没有见过这样的做法，就在旁边安静地欣赏着他的优雅动作。很酷啊，糌粑在他手里变成了一个漂亮的小面棒。他用两个指头一转，一小块捏好的糌粑就在他的右手掌心里。他的眼睛看着前方，摊开右手的掌心递给我糌粑，我一下子就不好意思了，本来是来长见识的，没打算吃人家的东西啊。更何况，众目睽睽之下，我应该吃还是不应该吃呢？心里有些不知所措，感觉像做贼了一样，不敢吃这位帅哥的糌粑。但是，又不好拒绝，只好硬着头皮双手接了过来，放在面前的盘子里。心里正处在尴尬的瞬间，一抬眼，坐在不远处的更登师父把我的窘迫看在眼里，看到他的眼眸里一抹深深的笑意荡漾开去，我的心里就立刻放松了，赶紧走到他身边坐下来，他也在吃糌粑，他微笑着侧过头问：“吃吗？”我连忙打趣说：“你做，我就吃。”没想到，更登师父认真起来，他一双手赶紧拿过一只空碗，轻轻地用勺子舀了一点糌粑粉，白砂糖，切了一点酥油，倒进了一点开水，再用勺子慢慢地搅拌了几下，它们黏黏地就团结在一处，更登师父用手拿起面团块块，一只手轻巧地把玩着，不多时，一个小小的尖尖的塔形状的糌粑就摊开在他的掌心里递给我，我连忙双手接过来，安安稳稳地吃了起来。好香甜的清爽味道，直冲味蕾。哇，这哪里是糌粑，这简直就是不食人间烟火最好的代餐。呵呵……一个白天很快就过去了，夜晚的活动有篝火晚会，大家可以载歌载舞。亲情的碰触可以继续温存。这个庞大聚会，竟然是希热布老师父亲方面的家族聚会，真真让我，这个都市里长大的孩子开了眼界。看着一张张充满欣喜的脸庞，真诚的欢声笑语在空气里飘荡，我很想拉住某个人详细地了解一下，这种聚会的由来和意义，但是，他们每个人第一在忙着结识新的亲戚，献上问候和祝福。我很想和他们一起载歌载舞，可惜，我的身体实在是太疲倦了，酥油茶实在是太香甜了，回到宾馆里的我的房间里，一头扎在枕头里就进入了梦里。第二天到木屋帐篷里，活动与昨天内容大致相同，这一次，轮到希热布老师兄弟三人上台讲话，跟随希热布老师这些年，看到他出席过很多重要的展会，一直以为希热布老师永远都是那么从容淡定，没想到，这一次，在这个庞大的家族聚会的舞台中央，希热布老师竟然像一个小学生一样，有些拘谨，有些羞涩，甚至有些激动。站在他身边的桑丹更加是激动得像个乖小孩，失去了往日侃侃而谈的风度。站在哥哥身边的更登师父却是一直面带微笑，一双清澈的眼眸深情地望着众人，他佛子的形象的淡定就像飘起的檀香，熏染了所有的众人眼睛。在座的人们听到他们的演讲，不时地发出唏嘘声音，掌声不断响起，一阵比一阵更加热烈。我的旁观者的淡然也情不自禁地受到了大家的情绪感染，在那一刻，我看到了现实版的神笔马良，中国藏式的丑小鸭故事，所有的悲剧都在这一刻逆转，希热布老师就像他热爱的柏树一样，挺拔坚毅迎风傲雪，带着自己的血脉亲情，一路走过风风雨雨，为自己的家谱重写新篇章。他的一生，就是一本最好的心灵鸡汤，教诲世人，如何面对逆境，如何自立自强。这是一场没有奖杯的最高荣誉，希热布老师与他的兄弟们，风雨同舟，不离不弃。犹如松柏傲立风雪中，犹如寒冬里的蜡梅，自顾自地开出自己的芬芳。这成就如同春日的明媚辉煌，令俗世间的人们刮目相看。

希热布唐卡作品：《彩唐——迦诺迦跋黎堕阇尊者》

卷二十四 JUAN ER SHI SI

拉卜楞的上空，是光明佛母转动的光轮；上师教诲的恩情，金子般流淌在岁月的光阴里。

2013年，自4月份开始，希热布老师每一次到兰州来都会教授给我一些绘画的技巧。老师绘画的功力是不可思议的。我永远都不清楚他开笔之后，会画出来什么内容。因为唐卡绘画技法与普通工笔画完全不同，而希热布老师的画作已经达到了随心所欲的境界，即使是擅长丹青的妙手站在他身旁看着他落笔，也无法预料他的画作究竟是何种内容。所有给唐卡爱好者的画作内容，总是以与观者的生肖爱好结合，以观音菩萨的咒语为题拓而结束。画面唯美温馨，令人叹为观止。2013年是神奇旅程的开端，它的展现是让我以承担的方式开始。金秋十月，第十九届兰洽会在兰州的黄河之滨国际展览中心隆重开幕。甘南州夏河县文广局的领导，刻意安排希热布老师带唐卡精品到展厅布展。可是当时的日程安排上，希热布老师却已经参加了在四川阿坝唐克草原上赛仓活佛的灌顶。多年在内地做唐卡展览，于广大唐卡爱好者结下不解之缘，那些远在广州、上海、北京、内蒙古等地的朋友闻此佳讯，不远千里万里赶来，跟随希热布老师前往四川阿坝草原。希热布老师此时分身乏术，情急之下委托我，让我带着才让、刀考两个年青画师和十几幅精品唐卡，匆匆忙忙赶到兰州。又特别嘱托我要照顾好他们，一起去参加这次活动，之后就急急忙忙地往阿坝赶路。展览会开幕的当天凌晨5点多，我就驱车前往在展览中心布展。

在布展的时候，甘南州州长赵四辈与甘南夏河县文广局的领导们也早早都到达展厅，检查布展工作。见到我们唐卡中心的镇宅之宝拿出来亮相，他高兴得再三叮嘱我们唐卡的摆放和讲解的重要性。师弟才让和刀考两个人把唐卡中心最大的唐卡，释迦牟尼佛与八大弟子的传奇唐卡故事，严肃而谨慎地悬挂陈列在我们的展厅最高处。布展的当天就吸引了无数的参展单位过来参观，人们都连连惊叹赞美。当时的我由于是第一次接触到这样的活动，没有任何准备，见两位师弟都身着自己的漂亮藏服并且身配服饰，我急忙去舞蹈工作室租了一套藏式舞蹈演出服穿在身上。在接连5天的展览时间里，观者如潮，许多群众在浏览到甘南唐卡这部分区域，基本上大部分人都会驻足观望良久，大家深深感受到这幅《释迦牟尼佛与八大弟子》的唐卡透出的威严慈爱，完美地呈现出佛国世界的静默美好。许多佛教信众当场就顶礼膜拜，他们的身语意透出无限虔诚。我的内心，除了发自肺腑的感动还有感激，感激甘南州政府对唐卡文化的重视，感激佛陀带给人世间的关爱，感动信众的虔诚。而我，尤其感恩这份特殊的“委托”！在那特别吉祥的一年里，希热布老师不断地传授我一些佛菩萨的心咒。希热布老师说：“佛教咒语，起初学习念诵是很困难的，但是一旦学会，就不会忘记。”现在，它们真的如同我自己的名字一般熟悉。在画唐卡之前，洗浴更衣念诵经文，持咒而画是每一位唐卡画师必备的功课，因为在拉卜楞圣地这样的缘由，我得到了认识生命中第一位寺院里面的佛学教授的机会，一位馈赠经书给我的善知识，他就是拉卜楞的佛学教授，贡却乎嘉措上师。在上师朴实无华的小院子里，这位年轻而又充满仁慈的上师送给了我两本书，一本《入菩萨行轮》和《菩提道次广论》白话文简易版。我因此机缘而开始正式了解学习佛学思想和理论。在学习了两年唐卡与相关佛学理论的时候，我的内心对寻找一位自己的根本上师充满了渴望。在那个吉祥的一年，因缘俱足的时候终于来，在2013年春天，我正式拜遏了生命中的大恩上师，拉卜楞寺院的善知识——华尔单上师。贡唐宝塔，拉卜楞神圣的朝觐之所，由六世贡唐仓活佛创建。华尔单上师的住所就在贡唐佛爷的囊卿中间的院子东边。贡唐活佛的院子门口，是红漆漆过的两扇高大的原木实木雕花大门，院子里铺着长方形宽大的青石板。天井宽阔，院落干净整洁，一尘不染。天井里一排红墙平房，黄色雕花格栅木窗里。传出僧人们抑扬顿挫的诵经声。又有鼓乐之音，大抵是在练习礼佛的曲目吧。大门轻启一道缝隙，贡唐活佛的管家之一，身着玫红色的袈裟前面领路，穿过前院。门后一个小天井，天井当中一处小小的花亭，两株干枯的树干上挂着去年的残叶。静默地相守在阳光下。从花坛的右边绕向左手，一个拱门，走过去就豁然开朗，是与前面的天井对应。两排红色木漆平房，门梁上的雕花格外绚丽精致。所有热烈的色彩都用在了这暖阳的檐下。我们在管家的带领下，走进上师的屋子，华尔单上师年逾古稀，两眉高挑，面色红润，目光清冽而严峻坐在一张椅子上。一只纯白色的猫儿正伏在他的膝盖上熟睡。希热布老师双膝跪在上师面前顶礼叩拜，用藏语急速地向上师说着什么。华尔单上师听了展颜微笑，眉宇间一下子变得格外和蔼可亲，他膝头正在熟睡的猫儿仿佛也听见了希热布老师的话，它半眯着眼睛转过头看了我们一下，就半闭着眼睛从上师的膝头跳下去，走开了。华尔单上师坐在他的小炕上，炕几上放着装满五谷和珍宝的曼扎。我双膝跪在上师面前，供奉了哈达和曼扎，双手合十闭上双眼，上师浑厚的诵经声已经在头顶浑然响起，其中有一些我已经会念诵的咒语可以听得明白，有一些听不明白的咒语，如同甘露种子，洒落在我的心识当中。虔诚地跪拜在这位高僧大德的面前，跟随着华尔单上师的动作，用右手在曼扎里抓起玉石，填回曼扎。上师在传法的时刻，态度严肃而又充满慈爱。他口传面授了许多心咒。华尔单上师传法以后对希热布老师叮嘱说："希热布老师常在外面，遇到有佛缘的人传法，就一定要按照这个仪轨来进行。"我跟着希热布老师更加恭恭敬敬地磕了头，内心充满欢喜宁静。那一刻的时光永久地铭刻在我生命的里程，成为一个新的起点。拜师仪式完毕，从上师的禅房倒退着出来，我的灵性世界充满欢喜。到廊下急急忙忙地寻找自己的靴子穿上。一抬头，院子的右手边一个雕梁画栋的长廊，希热布老师介绍说那是贡唐佛爷的佛堂。院子上空，从那栋被擦得发亮的阁楼顶上，两只鸽子飞来伫立在上面。气定神闲地望着下面的我们。我加紧步伐追着已经走远的希热布老师，准备走出上师的院子。就在这时，一只红嘴红脚的乌鸦轻轻展翅从阁楼背后飞过来，翅膀在空中划过，它没有发出任何声响。这样的滑翔姿态令我驻足观望，却见四个红衣少年僧人簇拥着中间的一位少年，从那栋明亮的阁楼背后转出来，一行人的步伐不疾不徐，看起来年纪二十岁不到的模样。已经走到院子门口的希热布老师一眼看见他们的袈裟飘出来，就赶紧抓起自己的袈裟迅速跪拜了下去，一边跪拜，一边几乎是匍匐一般，到了那少年僧侣跟前。这时，我才注意到，原来他们早已停住了前行的脚步，等候希热布老师跪拜到少年的跟前。阳光依旧灿烂的庭院里，气氛一下子有些严肃。少年面无表情地等候着花甲之年的希热布近前，用手摩了摩他的头顶。我连忙双手合十向他们鞠躬三次。希热布老师回头见我仍站在原地，急忙连连向我挥手，手势用力强劲，我仿佛被他的大手挥了过去，顺着他挥手的方向，那少年站立的地方，倒身跪拜。安安静静地，少年的手仿佛燕子的翅膀，轻轻地触摸了我的头顶，我的眼底，就只见他翠绿色的靴子旋即抬起离去。随行的僧侣红色黑色的靴子瞬间一起离去。我站起身，目送他们到了华尔单上师经房的门口，左右簇拥的红色袈裟，好像飘起的祥云，将少年送了过去。希热布老师大大的眼眶里布满了泪水，他激动地说：这是他的上师，七世贡唐仓佛爷。

2013年似乎是所有吉祥的开端，那一次的唐卡展览似乎是成功圆满的预兆。从那一年开始，甘肃省文化厅与宣传部的领导，就不断来到夏河考察希热布老师的唐卡中心。省委宣传部的李宏远先生，省文化厅非遗司的刘卫华先生，都分别抽出宝贵的时间，与希热布老师一起到唐卡中心，帮助希热布老师策划如何更好地发展，他们从发展的角度给唐卡中心提出许多积极的规划和建议，他们热忱地出谋划策，孤军奋战的希热布老师看到了藏文化未来的无限希望。

原来，我们的共产党人是这样可爱，他们足智多谋，用自己的智慧和发展的眼光帮助希热布大师成就唐卡艺术的传承。2014年早春的桃花在大夏河的山谷两侧，在依然料峭的春风里，怒放成一片娇艳的嫣红。它们伸展着枝条，摇曳着如梦似幻的大片樱红，伫立在大夏河清澈的河岸边以勃勃生机的姿态欢迎着贵客。甘肃省委宣传部部长连辑先生，亲自带领省委宣传部的相关领导干部，和文化厅杨建仁厅长与甘南州的相关领导干部；甘肃省文联杜主席，甘南州的州委书记沙比才让，夏河县委书记、县长与文广局的领导班子，到唐卡中心考察观摩。连辑先生一行认真而用心地参观了希热布大师唐卡中心的工作室，与唐卡展览馆。他详细地观摩了画师们创作的过程，唐卡颜料的制作过程，展览厅里唐卡的不同流派精品，他们一边观看，一边不由自主地摇头赞叹唐卡的精美，给予希热布老师了高度评价与肯定。他竖起大拇指连连赞叹，随行的人们内心都感受到唐卡艺术独特的魅力而显得内心欢愉。同时，他们邀请希热布大师与唐卡中心的管理人员到县委开会。会议内容是把夏河县未来的发展，定位为特色唐卡小镇。连辑部长正式提出夏河县文艺艺术发展工作的重点，要以希热布大师的唐卡藏文化中心为榜样，带领全县推进唐卡事业的发展。要求更多的唐卡画家要向希热布大师学习，包括学习发展的经验与经营的模式。希热布老师多年备受争议的辛苦，得到了前所未有的尊重。这令他感慨万千，他在会议上发言说："我一个人，吃不了多少也喝不了多少东西，一直在做唐卡的这一件事。就是为了弘扬我们藏族的文化，让全世界都能够了解藏文化的独特精华。"

2014年7月，希热布大师受到甘肃省文化厅文艺处的邀请，到西安曲江国际会展中心参加国际西洽会。希热布老师精心挑选了30几幅精品创意唐卡，他带着丹正贡宝，完玛贡宝还有我一起随行，我们驱车前往西安。细雨霏霏中我们经过兰州、天水、宝鸡，终于到达了十三朝古都—西安，这里似乎永远都处在烟雨蒙蒙当中，当我们抵达曲江国际会展中心的时候。看到所有其他国家的参展商都携带着他们的产品陆续抵达会馆，所有参展商的随行人员们正在如火如荼地做布展的准备。甘肃省文化厅文艺处特别用心地为老师留出一块最佳的位置。我和师弟跟在老师身边，不敢懈怠，加班加点地布置展厅。展览会的布置，每一处细节都是希热布老师精心安排。所有的一切物件，他都亲自选购，每一天都忙碌直至深夜，不知疲倦。不了解希热布老师的时候，以为他只会沉默如同平静的大海，追随其左右方知，所有的一切，关于他获得的头衔与荣誉，绝非浪得虚名。他的心境，犹如处子，安静恬淡，言行不疾不徐。面对他人对唐卡佛学知识的渴求，从不拒绝，急急忙忙地给予，很怕对方失望。西洽会正式开幕的第一天，大量的群众蜂拥而至，当大家看到精美绝伦的唐卡时，大家不由自主地放慢了脚步。细细观摩并询问起来。希热布老师临时设置的书案前面，已经被群众围观得水泄不通，继而排起了长队。有的人为了急于得到老师书写的六字真言，争抢起来。我和师弟们不得不调解矛盾并开始梳理秩序，虔诚的人们排起了长长的队伍。希热布老师已经在案几前悬腕书写了一整个上午没有休息，我不得不通知大家中午吃饭休息时间，书写名额有限，因此需要暂停书写时间并且今天不再接受继续排队的群众。许多群众听闻这个消息，默默地散去。可是没有料到，第二天一大早展馆的门刚刚打开，他们就已经早早守候在展厅，排起了长长的队伍。面对张张虔诚的面容，一双双期待的眼睛，看着犹如松柏一般站立在案几前，悬腕书写不停的希热布老师，我和师弟们的内心升起了无上恭敬和心疼。两位师弟单正贡宝和完玛贡宝一左一右守护在老师身旁，很怕群众突然涌过来造成哄抢。那一刻，我的眼泪突然就不由得打湿了脸颊，回想起自己跟随老师这几年，凡是他做展览的地方，就有他挥毫泼墨的挺拔身姿。再多的困难障碍，再无礼的要求，都不曾见到他拒绝过每一个信众的请求，更不曾给我们这些不懂事的小孩难堪，甚至连一句呵斥都不曾听到过。老师整个人的身语意，起心动念的言行完全如理如法地按照佛陀的教义，给我们这些笔尖上的修行者做出了最好的榜样。

希热布唐卡作品：《彩唐——阿氏多尊者》

卷二十五 JUAN ER SHI WU

若智者离开自己的家乡，到别处更受人们的敬仰；如珠宝只有在外地畅销，孤岛上永远不会有销路。

贡唐宝塔下面的古拉，在阳光下旋转红色的圆周，来到这里的每一个人都在转动嘛呢与念珠，期待自己得到与神明交融相会的神圣启迪。自从第一深夜抵达夏河直至今日，我深深喜爱拉卜楞的阳光，当它的明亮在山谷的上空升起，瞬间扫清了群山之巅的阴霾，光芒万丈的照亮整个山谷。它完全明亮起来，完全地照亮了拉卜楞唯一的一条河流；照亮了拉卜楞寺院东北角靠近山谷那里的白塔；照亮了白塔下面的那条路。通向白塔的路面白得发亮，通往白塔的桥头边上，推着手推车卖柏芝的藏族壮汉和他身边翠绿的柏枝，卖馍馍的阿妈和她面前大如方向盘的“拉卜楞大面包”，头上裹着围巾的水果小贩和一车散落的水果，顷刻间被镀了金一般，闪闪发光了起来。白塔下转经的人众已经庞大起来，遥遥望去，像是在白塔下面一条转动的“带子”，随着人群快速移动的脚步，“带子”就围绕着白塔，不断地、快速地向前滚动……

2013年的金秋十月，第十九届兰洽会在兰州的黄河之滨隆重开幕。甘南州夏河县文广局的领导，安排希热布老师带唐卡精品到展厅布展。当时，希热布老师却急于参加在四川阿坝

唐克草原上赛仓活佛的灌顶。他远在广州、上海、北京、内蒙古等地的弟子闻讯匆匆赶来，跟随希热布老师前往草原。希热布老师情急之下委托我带着才让、刀考两个年青画师和十几幅精品唐卡，赶到兰州，又特别嘱托我带他们一起去参加这次活动，之后就急急忙忙地往阿坝赶路。在展览会布展的前期，甘南州州长赵四辈亲自到展厅，叮嘱我们唐卡的摆放和讲解的重要性。师弟才让和刀考两个人把唐卡中心最大的唐卡，释迦牟尼佛与八大弟子的传奇唐卡故事，严肃而谨慎地悬挂陈列在我们的展厅最高处。布展的当天就吸引了无数的参展单位过来参观，人们都连连惊叹赞美。当时的我第一次接触到这样的活动，没有任何经验，两位师弟都身着自己的漂亮藏服，我急忙去舞蹈工作室租了一套藏式舞蹈演出服穿在身上。在接连5天的展览时间里，观者如潮，有许多群众深深感受到释迦牟尼佛的唐卡，透出的威严慈爱，佛国世界的静默美好，当场就顶礼膜拜，无限虔诚。我的内心，除了发自肺腑的感动还有感激，感激甘南州政府对唐卡文化的重视，感激佛陀带给人世间的关爱，感动信众的虔诚。在这特别吉祥的一年，那一次的唐卡展览似乎是成功圆满的预兆，从那一年开始，甘肃省文化厅与宣传部的领导，就不断来到夏河考察希热布老师的唐卡中心。省委宣传部的李宏远先生，省文化厅非遗司的刘卫华先生，都分别抽出宝贵的时间，与希热布老师一

起到唐卡中心，帮助希热布老师策划如何更好地发展，他们从发展的角度给唐卡中心提出许多积极的规划和建议，他们热忱地出谋划策，孤军奋战的希热布老师看到了藏文化未来的无限希望。

希热布书法作品

希热布唐卡作品：《彩唐——罗侯罗尊者》

卷二十六 JUAN ER SHI LIU

驿外断桥边，寂寞开无主；最是黄昏独自愁，更着风和雨；无意苦争春，只把春来报；零落成泥碾作尘，只有香如故！

2015年，国家文化部授予了希热布大师的唐卡艺术中心为“国家级非物质文化遗产保护性生产基地”。文化部批准继续建设“国家级非物质文化艺术博览园”。同年，中国国家艺术基金选中了希热布大师的唐卡中心，作为国家级非物质文化遗产唐卡人才培养的重点扶持对象，并拨款赞助这项培养人才的工作。唐卡艺术中心也被列为二星级旅游景点。2016的春天来得特别早，阳光洒满山谷，红嘴红脚的喜鹊在拉卜楞上空盘旋歌唱，刚刚从家里过完年的画师们陆陆续续回到唐卡中心，安排全体师生到拉卜楞寺去点灯朝觐，每个人都喜气洋洋地穿上节日的盛装，手捧着酥油灯与哈达，跟随在希热布老师身后，到拉卜楞六大学院里的闻思学院、密宗学院、时轮学院、医学院等。每一座经堂一一朝拜，最后在阿弥陀佛的殿堂里，把每一个人敬献的哈达系在一起，供奉在阿弥陀佛佛像的双指之间。希热布老师诵经的美妙声音充斥整个空间，焚香顶礼诸佛诸菩萨，美好的清净与内心的感动虔诚油然顿生。每一位画师都显得欣喜而满足，满怀虔诚和感恩之情，口里念诵平日里学习到的经文，五体投地地叩拜在佛像前，最后，大家跟随希热布老师一起到拉卜楞寺的五方佛道

场去煨桑，袅袅的桑烟升腾盘旋，仿佛与天上的白云融汇，身穿节日盛装的藏族画师们，每个人的嘴唇翕动，他们都在诵经赞美，为世界祈愿和平，为众生祈祷平安，为弘扬藏文化艺术祈愿。

面对这样的时刻，我的脑海里突然浮现出孔孟时代弟子三千的恢宏礼教，汉唐时期宽袍大袖的隆重场面。我站在五方佛煨桑台边上，身着藏服华丽的服饰，一时间不知身在何处。……

2016年，摩尼宝藏文化唐卡艺术中心被国家商标局评定为国家级著名商标。同年8月，希热布大师受到甘肃省文化厅特别邀请，在中国首届丝绸之路文化艺术节上做个人唐卡专题展览。8月的敦煌正值盛夏，通往文博会会场的柏油路两边，都是熟透了的红提果园。一串串的酒红色的葡萄缀满枝头，远远望去，一片片葡萄叶子汇集成一望无际的绿洲，酒红色的提子红宝石一般在绿洲里若隐若现，仿佛预示着首届丝绸之路开启了中华传统文化文艺复兴的希望和圆满。85个国家的嘉宾陆续到来。在华夏文明展区二楼，希热布大师的唐卡展厅装饰成藏式地道而又简约的风格。许多人慕名闻讯赶来，驻足观摩展区内展出的精品唐卡，60余幅唐卡囊括了藏地唐卡所有画风，新旧免唐派，噶玛噶举派，钦则派。画像造型生动明丽，画风各有千秋。前来观摩的人们在画像前驻足观赏，赞誉不绝。我负责接待外宾做翻译，为大家讲解最多的一幅长篇大唐卡的内容，这是一幅希热布老师亲自带领唐卡艺术中心的画家们为首届文博会创作的，一幅崭新唐卡作品。在这幅长卷上，藏地三大护法神山巍峨圣洁，年宝玉则雪

希热布唐卡作品：《彩唐——宗喀巴大师与八大弟子》

山、阿尼玛卿雪山、和如黛群山围绕着的那木那措湖陈列在长卷上方，神山屹立在广袤无际的大草原上，绿草菁菁的草原上大片大片的油菜花汇集成海，成群的牦牛在雪山牛羊，两只猛虎健硕灵巧地相伴在一起朝着山林中走去，围在一起聚餐的鸡鸭和不远处奔跑的藏獒。灵动的小白兔瞪着红宝石一样的大眼睛，似乎温柔地注视着画外人。草原的正中央，身穿藏袍眺望远山的阿妈身旁紧紧依偎着一个藏家男孩正仰望。画面正面，一位美丽的藏家女儿身穿蓝色藏袍，纯情的眼眸地凝望着画外。飞奔的马群和温顺的羊群，煨揉台上桑烟袅袅升到半空，两只白鼠正在蹲在台上面吃红枣，碧空如洗，云彩缭绕，云朵中间探出一条金龙须尾。一条小蛇仰起头盘踞在煨揉台下，山坡上插箭台上五彩箭林高高树立，直指上天。这幅唐卡独具匠心地把十二生肖藏到画面里，热烈的色彩和洋溢着幸福的画面真实的表现了藏地人民群众的新生活面貌。师弟昂杰站在老师身边研磨铺纸，尖参再展区中间跑来跑去忙着为大家照相留念。希热布老师仍旧一如既往的从容淡定，现场挥毫泼墨，为来宾书写六字真言。带去敦煌参展的60几幅精品唐卡，安静妙好，端庄圆满，向世界展示了佛国的精神世界。观摩的群众都从内心感受到梵音净土世界带来的宁静与美好。巴基斯坦的副主席与他漂亮的女儿来到展厅，尤其钟爱希热布老师书写的经文，他不断赞美，耐心恭候在老师的书案旁，小心翼翼地接过属于他的那幅六字真言，崇敬之情溢于言表。可是偏偏好事多磨，在他们父女返回北京的路上不小心把包裹丢在了车上面，心急火燎地赶紧让他漂亮的女儿给我打电话，提出再烦请希热布大师一幅墨宝的请求。从来都是不推辞不拒绝信徒的希热布老师，赶紧忙里偷闲为他写好，快递到北京，满足了巴基斯坦信众的心愿。文化厅的杨厅长在百忙之中听闻老师所做的特殊贡献，甚为感动。为了感谢希热布老师的辛苦付出，送给我们几张文艺演出的票，请大家在白天辛苦工作之余，到敦煌大剧院去欣赏国家一级歌舞剧的文艺演出《丝路花雨》《大梦敦煌》等国家一级歌舞剧。老师和师弟们在劳累工作之后，得到如此饱满的精神视觉享受，大家备感欢欣鼓舞。十五天的展览期间，来自各国的使节与国内外的来宾们，来到唐卡展览区驻足流连，都不由自主站在书案旁边，看到老师书写精美的六字真言，都情不自禁地被希深深吸引。几乎每一位前来观摩的贵宾都会屏息静气守在书案旁边，恭候一幅笔墨留作纪念。说实话，早出晚归的展览时间，马不停蹄的奔波，真的让人倍感疲劳。我们几个年轻人都忍不住互相喊累，自始至终却没有听到老师任何一句怨言。这样连续3天的站立悬腕书写，普通人早就已经累得趴下了，可老师他总是那么精神饱满，热情地满足每一位陌生人的请求。只有在游客不多的情况下，他才肯坐在休息区喝一杯热茶，打个盹儿。我和师弟们都远远地守护着老师，真希望不要再有人过来求字，让老

师好好地休息一会儿。第五天。老师的脚腕已经浮肿了，手腕也痛得不再挥洒自如，在我们大家近乎“严厉”的请求下，老师才算有时间搁笔休息。远在甘南夏河唐卡中心的画师们，在微信朋友圈里看到老师不言苦累，始终乐呵呵地圆满他人的愿望时，内心都升起崇敬与爱戴。画师们不敢有丝毫懈怠，愈加精益求精地完成自己笔下一幅幅完美的唐卡精品。夏夜的傍晚，丝绸之路的风，温暖和煦，夕阳照在莫高窟鸣沙山上空，粉红的云霞渲染了半个山头。希热布大师多年的辛苦付出，在党和政府的高度关注下，在国家文化部高度提倡保护支持非物质文化遗产的政策支持下，终于开花结果。

2017年唐卡中心的藏文化弘扬事业真是竹子开花——节节高。唐卡中心接到大量的唐卡订单。2017春节前期，希热布老师被北京兴业银行聘请为形象代言人，为兴业银行专门绘制了吉祥唐卡“上上大吉”，配合兴业银行到全国各地举行签售会。从春暖花开的南国深圳到冰天雪地的哈尔滨，希热布老师一如既往地不辞劳苦奔波，在各大城市的兴业银行签售会上挥洒墨宝，一丝不苟地书写观世音菩萨的六字真言，参与的群众都欢喜非常。

希热布唐卡作品：《彩唐——雪域圣境》

2017年的春节又一次如约而至，大连的东海岸边，海天蔚蓝一色，海面波澜不惊。只是冬季的海风刮得人生冷，吹得耳朵非常痛，厚厚的羽绒衣似乎刚刚可以抵御住透骨的寒风。我站在蔚蓝的东海岸边，看久违了的一只只海鸥蹁跹在跨海大桥的上空。东海美丽依然，我的手机在震动，微信里看到唐卡中心的全体画师们前往拉卜楞大经堂里供灯的画面。脑海中呈现出大夏河边，贡唐宝塔的神圣，内心里涌起虔诚的渴望。在陪伴父母家人度过了一个甜美的新年之后，我匆匆返回夏河。大夏河似乎春风暖，却依然草儿软。唐卡中心的草地在这料峭的春风里，依然显得枯萎地匍匐在地面，偶然有青色冒出地面。院子里的家狗“扎西”看到我，它眯着眼睛，立马热情而又温顺地摇着尾巴，把它的头蹭到我的裤腿边上摩挲着不愿离去。碧空如洗的一隅山谷里，希热布老师带领着全体师生一起去大夏河边上参加的一年一度的晒佛节。晒佛的藏语称“贵格先”，字面意思为“展示丝绸佛像”。晒佛节又称瞻佛节或亮佛界，每年藏历年正月十三午前举行，是拉卜楞寺院为期十五天的正月法会系列活动之一。这天拂晓，寺院里的僧人早早地将晒佛台和做法事的广场清扫干净。远近的藏族人民都会盛装打扮，全家老幼一同前往，风雪无阻。小伙子们身着藏袍，足蹬漂亮的藏靴，腰上挂着漂亮的刀饰，骑着高头大马一路欢呼站在高处挥洒龙达。姑娘们则是从头到脚的缀满醒目的饰品。展佛的目的，是将佛陀伟大的形象展示于世间，让僧俗信众通过心灵去感受，由此而行礼膜拜，赞叹供养，祈愿佛法常驻在世。已经前来报到的画师们跟随在希热布老师身边一起到贡唐宝塔前面合影留念。接下来几天，是藏历初七的鲁宗法会，是拉卜楞二月会供法会其中的重要仪式。藏文“lu”意为“替·赎”。“zong”意即物，品。如替身物、赎命品等。法会仪式含义为将准备好的人塑像与财物代替人给(向人所害的邪魔等)众生送去，以这样的禳解方式驱除邪魔外道对佛法和人带来负面的影响。人们来自四面八方，拥挤地堵在即将做法事的桥边上，所有的人都在安静地等待，拉卜楞寺院里抬出来的赎罪品。不多时，拉卜楞的僧侣们抬出来一辆古时候人乘坐的四乘小轿，轿子里面抬出来一个酥油糌粑做成的头戴黄帽子的阿克，人们把‘他’直接扔进了大夏河里。轿子里面的绫罗绸缎（替代品）也纷纷被阿克们扔进了河里。原来，头顶着黄色帽子的班智达，“他”愿意为了众生做赎身物品，将自己投入大夏河的水里，以来满足众生的需求。大夏河水流缓缓，瞬间将这些物件冲到下游去了。岸边围观的群众都欢呼雀跃起来，他们把手中准备好的赎罪品纷纷抛向大夏河。人群兴奋地呼喊着，开始慢慢散去。我站在贡唐宝塔的最高处，看到这戏剧性的释放心灵阴霾的一幕，不禁感慨万千，佛法的慈悲无处不在。跟在许多年迈的阿妈阿爸身后，转了一整圈完整的古拉，又转了白塔，我的心灵得到了极大的欢喜加持。希热布老师带着大家回到唐卡中心的院子里，开始创作新的艺术作品，看着一边绘画一边谈笑风生的师弟师妹们，我的内心充满了希望与欢喜。这时，院子里来了三位背包客，他们行色匆匆的模样，让我猛然想起自己也曾经是这样“流浪”过来的。赶紧招呼他们，原来他们几个是国内知名的旅行社“上海稻草人”的踩点团队，书生气十足的小澍，阳光灿烂的大男孩橙子，拥有丰富户外领队经验的黎哥，他们是打算把唐卡中心作为一个藏文化交流的场所，在一年之内甘南行的游客都带进来观看这里的精美画卷。我们开始坐下来喝奶茶聊路线，希热布老师的老朋友，拉卜楞的格西桑杰（黑桑）师父也参与进来，他目前在他的家乡甘加草原上积极地组织环保志愿者参与培养环保出行的理念。相同的兴趣、相同的理念、相同的志愿之下，桑杰师父兴致勃勃地带着我们一行人前往

他在甘加草原上他自己筹建的“游牧部落”主题博物馆。草原上春风徐徐，一行人来到村庄里一户人家的院墙外面，红色的砖墙上面有两扇不起眼的红漆铁门。桑杰师父的随从拿着钥匙打开了铁门，大家全部都弯着腰走进低矮的小土房，眼前顿时一亮，一下子就被里面陈列的用具给吸引住了，全部都是藏族游牧民族家庭使用的生活用品。看起来，这位大格西是在以这样的方式弘扬藏文化，让藏文化被更多人了解。这样一来啊，呵呵，相信不久的将来，更加精彩的故事已经拉开了序幕……

2017的敦煌丝绸之路文化艺术节迎来了新丝路上的第二次开幕，这一次，师弟昂青与尖参领命前往，而希热布老师在北京，在北京艺术研究院正在积极争取成立国家级唐卡艺术研究所的相关事宜。来自西安的女画家刘潜（汉族），飞到了到北京，做老师身边的左右手。甘肃文化厅才厅长（藏族）也主动请缨做老师的“助理”，藏地十大杰出唐卡艺术家齐聚北京，在希热布老师的倡导下，踊跃地筹划国家级唐卡艺术研究所的具体方案。金秋十月之初，中国人的“赏月”佳期。从希热布老师的微信朋友圈里，我们看到了一则令人振奋的讯息：国家艺术研究院正式批准设立国家级唐卡艺术研究所。主持会议的是国家艺术研究院的院长连辑先生，与会人员有国际工笔画大师何家英大师，藏地十大杰出唐卡艺术家等中国国家艺术界的大咖们。我伫立在青海国际达热青年旅舍的十亩果园里，发现核青青果园里面的核桃树的枝头，已经被累累果实压弯了树冠。果园的老主人陈伯伯眯着眼睛笑着说：你注意看啊，核桃皮自己裂开的时候，就可以采摘了。“哦，是吗？如果是那样说明？”“说明它自己就熟透了。”啊哈，放眼望去，远远近近的核桃从枝头上沉沉坠下，很多果实绿色的皮已经裂开了，好像是因为太“胖”的缘故，绿色的坚固外衣，裂开了一道道的纹理。树底下的行道上落满了秋叶，秋叶下面也藏着许多坠地的核桃，一不小心，就会踩到它们。白色的果肉就从核桃壳里跳出来。

我不禁抬头仰望，头顶上的天青湛蓝如洗，一片片的祥云布满天空，南海殿景区山上的观世音菩萨雕像，正在盈盈微笑。我赶紧双手合十：“感恩诸佛诸菩萨加持，恩师的弘法利生事业圆满吉祥！愿佛法永驻世间，愿藏地唐卡艺术飞魅力传遍世界，愿见者能够升起对佛法正念的信心！

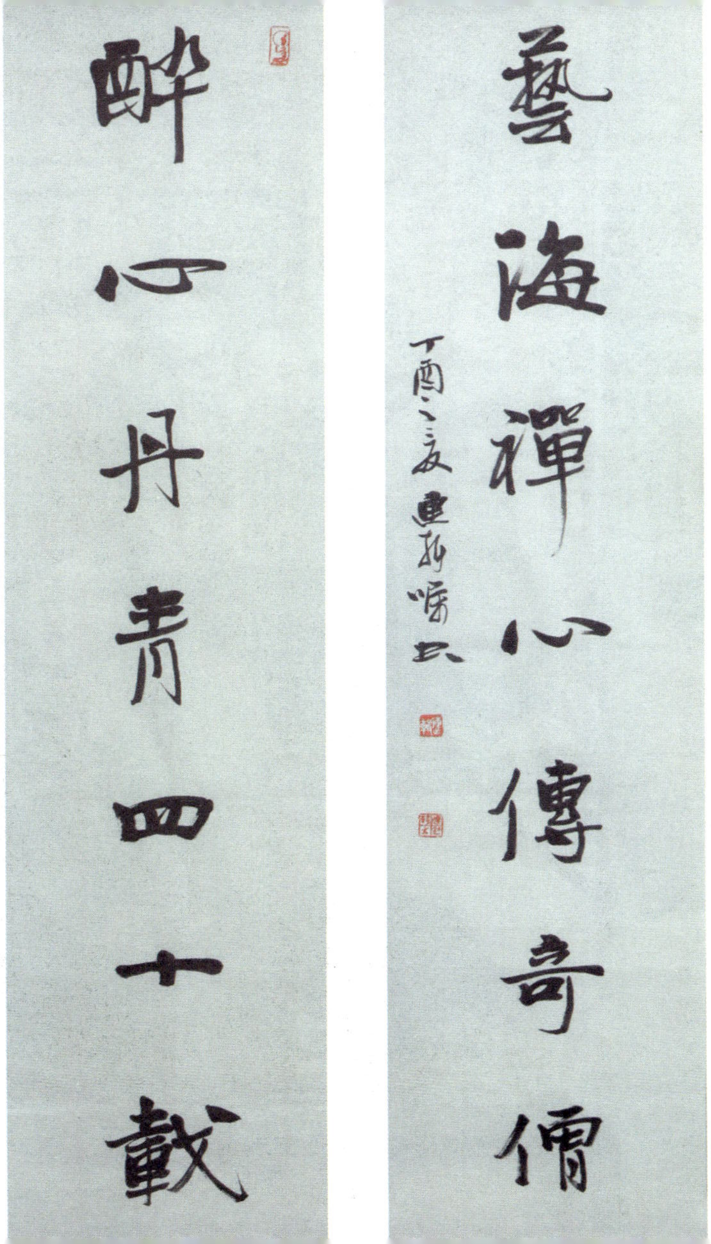

希热布书法作品

稻草人团队留念拉不楞唐卡中心